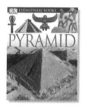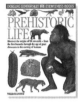

Guías Visuales
EL MUNDO ANTIGUO DE EGIPTO

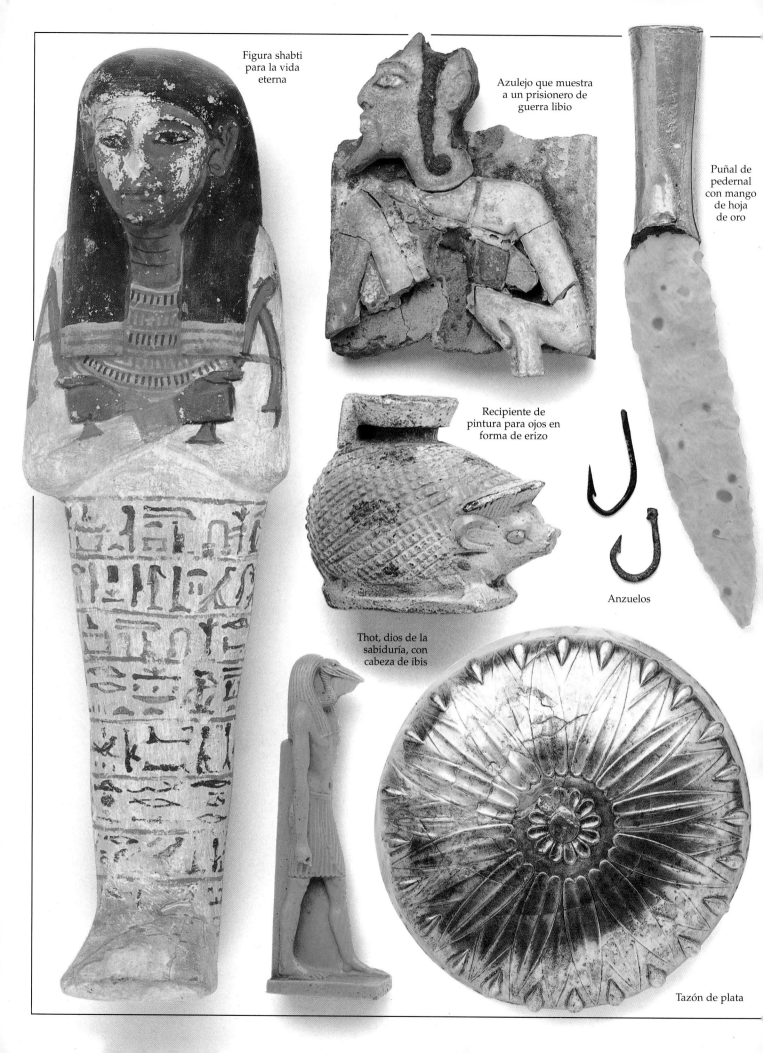

Figura shabti
para la vida
eterna

Azulejo que muestra
a un prisionero de
guerra libio

Puñal de
pedernal
con mango
de hoja
de oro

Recipiente de
pintura para ojos en
forma de erizo

Anzuelos

Thot, dios de la
sabiduría, con
cabeza de ibis

Tazón de plata

Pendientes
para pelo
amuleto de pez

Placa de oro que
muestra al
faraón y al dios
del Sol Atón

GUÍAS VISUALES

EL MUNDO ANTIGUO DE EGIPTO

Escrito por
GEORGE HART

Inscrustaciones
y moldes
florales

Pulsera con
escarabajo de
lapislázuli
montado en oro

DK Publishing, Inc.

Muñeca

Aretes

DK

LONDRES, NUEVA YORK, MÚNICH,
MELBOURNE Y DELHI

Título original de la obra: *Ancient Egypt*
Copyright © 1990, © 2002 Dorling Kindersley Limited

Editor del proyecto Phil Wilkinson
Diseño Thomas Keenes
Editora principal Sophie Mitchell
Editora principal de arte Julia Harris
Directora de edición Sue Unstead
Directora de arte Anne-Marie Bulat
Fotografía especial Peter Hayman, del Departamento de
Antigüedades Egipcias, del Museo Británico

Editora en EE. UU. Elizabeth Hester
Directora de arte Michelle Baxter
Ayudante de diseño Melissa Chung
Diseño DTP Milos Orlovic
Producción Chris Avgherinos
Asesor Producciones Smith Muñiz

Edición en español preparada por
Alquimia Ediciones, S. A. de C. V.
Río Balsas 127, 1° piso, Col. Cuauhtémoc
C. P. 06500, México, D. F.

Primera edición estadounidense, 2004
04 05 06 07 08 10 9 8 7 6 5 4 3 2 1

Publicado en Estados Unidos por DK Publishing, Inc.
375 Hudson Street, New York, New York 10014
Los créditos de la página 72 forman parte de esta página.

D.R. © 2004 DK Publishing, Inc.

A catalog record for this book is available
from the Library of Congress.

ISBN 0-7566-0792-2 (HC)
0-7566-0793-0 (Library Binding)

Reproducción a color por Colourscan, Singapur

Impreso y encuadernado por Toppan Printing Co. (Shenzhen) Ltd.

Descubre más en
www.dk.com

Cuchara de
madera para
cosméticos

Aretes de vidrio

Tubo y
aplicador de
vidrio para
pintura de
los ojos

Pendiente de toro
de lapislázuli
montado en oro

Contenido

Dibujo en
piedra caliza

6
Antes de los faraones

8
A orillas del Nilo

10
Faraones famosos

12
La corte real

14
La tumba

16
Cuerpos eternos

18
Viaje al más allá

20
Las grandes pirámides

22
El Valle de los Reyes

24
Dioses y diosas

26
Magia y medicina

28
Sacerdotes y templos

30
Ritos sagrados

32
Escribas y alumnos

34
La escritura

36
Armas de guerra

38
Navegando por el Nilo

40
Compra y venta

42
Un carpintero egipcio

44
Caza y pesca

46
Los egipcios en casa

48
Comida y bebida

50
Canto y danza

52
Juguetes y juegos

54
Del tejido al adorno

56
Todo lo que brilla

58
Para adornar el cuerpo

60
Animales del valle

62
Después de los faraones

64
¿Sabías que…?

66
Los faraones

68
Descubre más

70
Glosario

72
Índice

MAZA

Éste era el tipo de arma usada para matar a un enemigo herido. Pero la superficie suave y el grabado magnífico de este ejemplo muestran que probablemente quien lo portaba era un gobernante o comandante de alto rango.

Antes de los faraones

EL PERIODO que normalmente consideramos el "Egipto antiguo" es la época en que gobernaban los faraones, alrededor del año 3100 a. C. ¿Quién vivió en Egipto antes de los faraones? A principio de la Edad de Piedra la gente vivía en terrenos más altos que el Nilo desde el delta hasta Asuán. Alrededor de 5000 a. C., los egipcios ya eran campesinos y habían empezado a cultivar trigo y cebada, y a criar y domesticar ganado. También erigieron ciudades de cabañas de lodo en los lugares del valle que parecían a salvo de la creciente anual del Nilo. Los campesinos prosperaron y formaron reinos. Excavaciones recientes muestran que para 3500 a. C. algunos ya vivían en ciudades y habían dado los primeros pasos en la invención de la escritura. Dejaron objetos magníficos de marfil tallado y paletas de pizarra, al igual que vasijas finas, a menudo enterradas con sus dueños en tumbas de ladrillo.

PEINETA Y CONCUBINA

El elefante y el hipopótamo africanos proporcionaron mucho marfil a los artesanos. La peineta está cubierta por la figura de una gacela, quizás porque su dueño disfrutaba al cazar a este animal. La figura con ojos llamativos fue colocada en una tumba para dar al dueño compañía femenina en la otra vida.

CUERPO ANTIGUO

En esa época, antes de que se desarrollara la momificación, el cuerpo se enterraba colocándolo en posición de "dormir", con los codos y las rodillas juntos. Lo depositaban en un hoyo con parte de sus pertenencias y lo cubrían con arena, la cual absorbía el agua, secaba el cuerpo y lo conservaba para que el espíritu de la persona lo reconociera y lo habitara. El cabello y los rasgos de este hombre, que murió hace unos 5,000 años, están bien conservados. Al hallarlo parecía casi vivo, y por su cabello rojo se le llamó *Ginger* (pelirrojo).

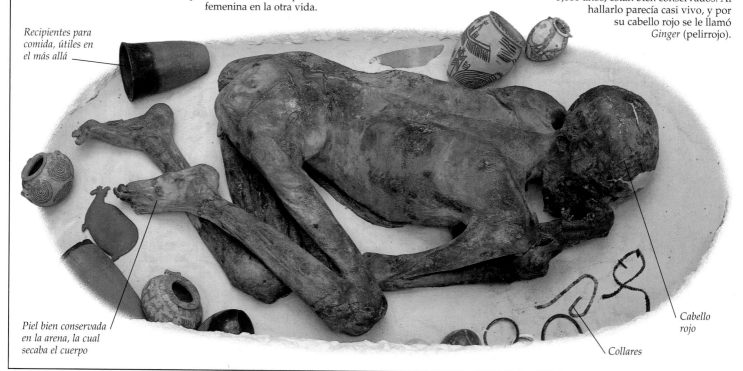

Recipientes para comida, útiles en el más allá

Piel bien conservada en la arena, la cual secaba el cuerpo

Cabello rojo

Collares

VASIJA DE PIEDRA
Vasija esculpida en piedra de colores, llamada brecha, con sencillas herramientas de pedernal y cobre. Con el cuarzo pulían la superficie.

Cornalina

Feldespato

COLLARES
Los primeros joyeros usaron piedras semipreciosas del desierto. Las favoritas eran el feldespato (verde) y la cornalina (anaranjada). Artículos de lujo, como estos collares, muestran que antes de los faraones no todos los hombres eran labriegos o cazadores. Los artesanos ya eran miembros valiosos de la sociedad bien recompensados por su talento.

Vasija lisa hecha con herramientas simples

VASIJA DE CERÁMICA
El limo y la arcilla de las orillas del valle del Nilo proporcionaban materiales a los antiguos artesanos. La base estrecha de esta vasija fue diseñada para colocarla en un pedestal en una cavidad en el piso. Las espirales dan la impresión de un vaso esculpido en piedra.

Ojo incrustado de marfil

Diseño en espiral

PALETA DE COSMÉTICOS
Algunos de los primeros objetos que subsisten son las paletas de piedra rectangulares o en forma de animales, como hipopótamo, tortuga, halcón o este ciervo gordo. En su superficie molían minerales para pintarse los ojos (pág. 58).

A orillas del Nilo

EL DESIERTO CUBRE más del 90 por ciento de Egipto. En el desierto, llamado "tierra roja", sólo había pueblos pequeños en uadis y oasis. Los egipcios vivían a orillas del Nilo o al lado de sus canales, a lo que llamaban "kemet", o sea "tierra negra", debido al oscuro limo en que cultivaban sus cosechas. Sin esta fertilidad no hubiera habido civilización en Egipto. Hasta la fecha, el modo de vida de la mayoría de la población egipcia ha dependido de la explotación de estos recursos naturales. Hoy en día, la explosión demográfica, el crecimiento de las ciudades y la construcción de grandes plantas industriales están cambiando el estilo de vida egipcio. La creciente del Nilo iniciaba el año para el campesino, cuando el río traía a Egipto depósitos de limo debido al incremento en los caudales del Nilo azul y el Nilo blanco, que convergen al Norte de Jartum, en Sudán. Cuando las aguas del Nilo bajaban, los campesinos sembraban cebada y trigo. Normalmente tenían buenas cosechas en verano. La presa de Asuán, construida en la década de 1960, cambió por completo el régimen fluvial en Egipto.

HAMBRUNA
En climas extremosos las cosechas a veces se pierden y hay hambruna. Estatuas como ésta, de un mendigo, muestran este problema en el antiguo Egipto.

PUEBLO RIBEREÑO
Los antiguos egipcios vivían en una franja de tierra a ambos lados del Nilo, donde la creciente hacía fértil la tierra. En este mapa se muestra en color verde el área de la creciente.

Río Nilo

Delta

Mar Rojo

Desierto

Escriba con su paleta

Pastores arreando ganado con un palo

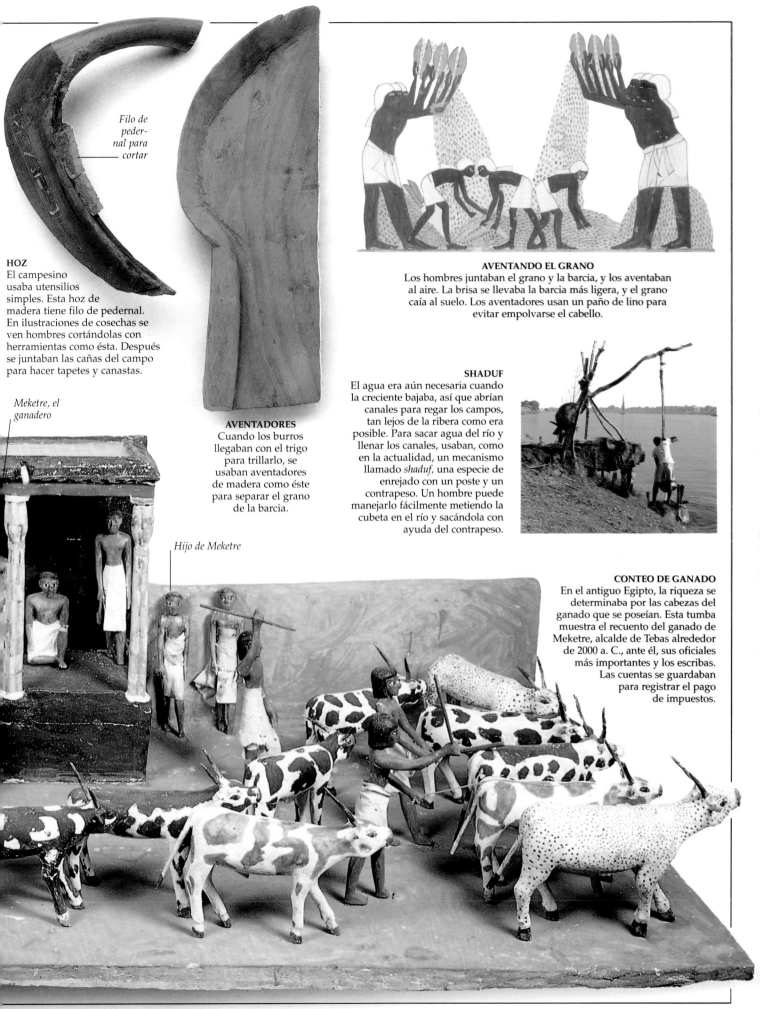

HOZ
El campesino usaba utensilios simples. Esta hoz de madera tiene filo de pedernal. En ilustraciones de cosechas se ven hombres cortándolas con herramientas como ésta. Despúes se juntaban las cañas del campo para hacer tapetes y canastas.

Filo de pedernal para cortar

Meketre, el ganadero

AVENTADORES
Cuando los burros llegaban con el trigo para trillarlo, se usaban aventadores de madera como éste para separar el grano de la barcia.

Hijo de Meketre

AVENTANDO EL GRANO
Los hombres juntaban el grano y la barcia, y los aventaban al aire. La brisa se llevaba la barcia más ligera, y el grano caía al suelo. Los aventadores usan un paño de lino para evitar empolvarse el cabello.

SHADUF
El agua era aún necesaria cuando la creciente bajaba, así que abrían canales para regar los campos, tan lejos de la ribera como era posible. Para sacar agua del río y llenar los canales, usaban, como en la actualidad, un mecanismo llamado *shaduf*, una especie de enrejado con un poste y un contrapeso. Un hombre puede manejarlo fácilmente metiendo la cubeta en el río y sacándola con ayuda del contrapeso.

CONTEO DE GANADO
En el antiguo Egipto, la riqueza se determinaba por las cabezas del ganado que se poseían. Esta tumba muestra el recuento del ganado de Meketre, alcalde de Tebas alrededor de 2000 a. C., ante él, sus oficiales más importantes y los escribas. Las cuentas se guardaban para registrar el pago de impuestos.

Faraones famosos

EL REY no sólo era el hombre más poderoso de Egipto, también era visto como un dios. Era conocido como el faraón, palabra derivada de una fórmula de respeto para referirse al rey, al que describían como la "gran casa" (*per-ao*), aludiendo al palacio en donde vivía. La reina también podía ser vista como diosa, pero normalmente se le daba el título de "Gran Esposa Real". Rara vez las mujeres gobernaban por derecho propio. Había un sistema eficaz para entrenar al príncipe como futuro faraón y que incluía convertirlo en un experto en deportes y líder guerrero. A menudo, el faraón gobernante adoptaba a su heredero como "corregente" para que lo reemplazara a su muerte. A veces, los príncipes tenían que esperar mucho tiempo. Pepi II reinó más que ningún otro faraón, llegó al trono a los seis años y 94 años después, a los 100, aún era rey. Es notable que en la larga historia de Egipto haya pocas referencias a asesinatos de faraones para coronar a un príncipe que no era el heredero legítimo.

El óvalo que rodea los jeroglíficos que forman un nombre real se llama cartucho. Éste contiene el nombre del rey Tutmosis III.

REINA SIN BRAZOS
Esta estatua muestra una reina cerca de 700 a. C. Los brazos fueron pegados por separado, pero se han perdido al igual que su corona de plumas.

Osiris, dios del inframundo

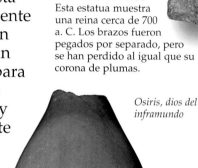
Akenatón

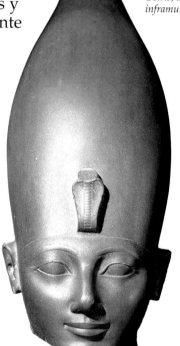

Nefertiti

HATSHEPSUT
Esta mujer determinada gobernó Egipto cerca de 20 años. Se suponía que era regente de su hijastro, pero asumió el gobierno. Ella usó la corona del faraón y la barba real para las ceremonias. En esta escultura lleva la corona del Alto Egipto con la diosa cobra.

AKENATÓN Y NEFERTITI
Akenatón desterró a los dioses tradicionales y sólo se adoraba al dios Sol. Para romper los lazos con otros dioses, Akenatón cerró sus templos y fundó una capital nueva. La reina Nefertiti ayudó a su esposo a establecer el culto al dios Sol, Atón, y probablemente gobernó con él. A su muerte, Tutankamón y sus sucesores restablecieron a los antiguos dioses; se abominó de Akenatón y Nefertiti, sus nombres se borraron de las inscripciones y derribaron sus templos.

El misterio de la esfinge

Ha habido gran confusión sobre las esfinges en el antiguo Egipto por las leyendas griegas. En el mito del rey Edipo, la esfinge es una hembra feroz y letal que mata a los hombres que no resuelven los acertijos que les plantea. Para los egipcios, la esfinge era una criatura con cuerpo de león y la cabeza del gobernante. El león era una criatura del dios Sol y resaltaba el papel del rey como hijo de Ra. La fuerza del león sugería el gran poder del monarca. A veces combinaban otros elementos, como la cabeza y las alas de un halcón, símbolo del dios Horus.

ESFINGE EN GUIZA
Esta esfinge erigida hace unos 4,500 años para el faraón Jafra, cuidaba el camino a su pirámide.

ESFINGE Y PRISIONERO
La forma en que la esfinge representa el poder del faraón se muestra en esta estatuilla de marfil de hace 3,600 años.

RAMSÉS EL GRANDE
En el siglo XIII a. C., Ramsés II reinó en Egipto por siete años. Construyó más monumentos y estableció más estatuas que cualquier faraón. Entre sus edificios están los complejos mortuorios en el banco oeste de Tebas, ahora llamado Rameseum, del cual proviene esta estatua. El rey lleva un tocado real llamado "nemes", sobre el cual porta una corona de cobras.

Barba ceremonial

Diosa cobra

Tocado

Vasija de líquido sagrado

TUTMOSIS IV
Este rey era famoso porque quitó la arena del desierto alrededor de la esfinge de Guiza. Es retratado de rodillas con dos vasijas de líquido sagrado. Es protegido por la diosa cobra Uadjet en su frente. Sólo los reyes y las reinas tenían derecho de portar diosas cobra, que se pensaba se encargarían de la muerte instantánea al escupir llamas a cualquier enemigo.

TUTANKAMÓN
Este gobernante llegó al trono a los nueve años, obviamente guiado por oficiales de más alto rango; parecía determinado a regresar a los antiguos dioses, desterrados por Akenatón (pág. 10) Esta famosa máscara de oro viene de su tumba (pág. 23).

La corte real

EN LAS GRANDES OCASIONES DEL ESTADO, como aniversarios reales o dádivas a cortesanos favorecidos, el rey y la corte se reunían, y asistían funcionarios importantes, diplomáticos y sacerdotes. Algunos eran parientes del rey; otros, obtenían puestos altos por su habilidad como escribas. La gente que se acercaba al rey besaba el piso a sus pies, lo cual se sabe porque un cortesano alardeó de que el faraón le insistió en que besara la pierna real, no el piso. A veces el faraón sólo quería relajarse en la corte. Al rey Seneferu le gustaba ver a 20 mujeres hermosas de su harén en el lago real. Todo iba bien hasta que una doncella perdió su broche del cabello en el lago, por lo que, disgustada, abandonó la pasarela a pesar de la petición del rey. El mago de la corte tuvo que separar el agua y sacar el broche.

CABEZA REAL
Este retrato en vidrio quizás perteneció a los muebles del palacio o decoraba una ventana.

PECES
Los niños a veces usaban amuletos en forma de peces en el cabello; tal vez contra un accidente en el Nilo.

PENDIENTE DE OSTRA
Las primeras joyas en Egipto eran de concha. Más tarde, los joyeros imitaron esas formas en oro. Ésta lleva el nombre del rey Senusert I.

ESTUCHE DE AMULETOS
En un estuche como éste se guardaban conjuros (escritos en papiro) o amuletos protectores que pendían de un collar.

Pata de garra de león

TRONO REAL
La reina Heteferes era madre del rey Jufu (pág. 20). Su tumba fue saqueada, pero espléndidos muebles fueron enterrados cerca de la pirámide del hijo. El trono, de madera, tenía incrustaciones de oro. Aunque los insectos carcomieron la madera, pudo ser reconstruido.

VARA CEREMONIAL
Los miembros de la corte usaban varas de madera para atrapar aves. Ésta, de loza fina (pág. 47) y sin uso práctico, debía portarse en las ceremonias. Tiene inscrito el nombre de Akenatón, el faraón que vivió en el siglo XIV a. C.

VASIJAS REALES
Los faraones usaban utensilios y recipientes de cosméticos de la mejor calidad, que eran colocados en sus tumbas para su uso en el otro mundo. Estas vasijas de piedra jaspeada tienen tapas de oro adornadas con imitaciones de bramante. Fueron hechas para el rey Jasejemuy.

Ojo de Horus (pág. 24), que indicaba la buena condición del objeto

Nombre del Rey Akenatón

Dios de "millones de años" con ramas en la mano

Cetro con cabeza de perro

Ramo

MUJER NOBLE
Las esposas de los grandes oficiales tenían una elevada condición en la corte. Podían formar un tipo de "gremio" bajo la protección de la diosa Hathor. Esta dama de la nobleza lleva una peluca muy pesada adornada con una corona de flores y sostiene un ramo de flores. Su vestido plisado está bordeado con flecos.

SIGNO DE VIDA
Sólo los reyes y las reinas podían llevar este símbolo llamado *ankh,* que es el signo de la vida e indica que el rey o dios que lo porta tiene el poder de dar o quitar la vida a los mortales de menor rango. Este *ankh* de loza fina está decorado con un cetro con cabeza de perro, símbolo de poder.

Columna del dios Osiris

FARAÓN
Figurilla de oro que muestra la corona real tachonada, que el rey usaba en la corte o cuando paseaba en su carruaje, y el báculo y el flagelo, símbolos de su estirpe, al igual que la diosa cobra que sobresale en la frente del rey.

Vestido de pliegues finos

AZULEJO FLOR DE LOTO
Este azulejo procede de alguna incrustación en pared, piso o muebles de la capital del rey Akenatón. Objetos como éste dan una idea del esplendor de las cortes reales.

Diseño de loto

La tumba

Este escarabajo fue colocado sobre el corazón de un rey para ayudarlo en la revisión de su vida pasada en el inframundo.

LOS EGIPCIOS temían pensar que un día su mundo podía dejar de existir. Creían en el poder de la magia y desarrollaron un culto funerario, que, a sus ojos, aseguraba su supervivencia eterna y que suponía la conservación del cadáver. Los embalsamadores lo llevaban a la Casa Bella, donde trabajaban. Hacían un corte en el lado derecho con un cuchillo de pedernal y extraían hígado y pulmones. Los secaban y almacenaban en vasijas especiales llamados canopes. También extraían el cerebro, pero no el corazón, para que pudiera ser pesado en la otra vida (pág. 19). Cubrían el cuerpo con cristales de natrón, que detenía la descomposición, y lo rellenaban con materiales secos, hojas o aserrín; posteriormente se envolvían en tiras de lino.

ANUBIS

El dios Anubis era responsable del ritual de embalsamamiento. Sus títulos incluía "Él, que está en el embalsamamiento". Aquí da los toques finales a un cuerpo momificado.

Instrumento para tocar la boca

Vasija

LÁMINA DE CERA

Las láminas como ésta eran usadas para cubrir los cortes en la piel del cuerpo. El ojo protector de Horus (pág. 24) simbolizaba la buena condición del cuerpo en el que era colocada.

UTENSILIOS PARA LA ABERTURA DE LA BOCA

Esta ceremonia, uno de los ritos funerarios más importantes, restauraba las facultades de una persona permitiéndole a la momia comer, beber y moverse. Odiaban morir fuera de Egipto porque sabían que su cuerpo no recibiría este rito y que su vida eterna estaría en peligro. Este estuche tiene instrumentos para la ceremonia de Abertura de la Boca: vasijas para líquidos sagrados, tazas para libaciones y un instrumento bifurcado para tocar la boca de la momia.

ABERTURA DE LA BOCA

Un sacerdote con la máscara de Anubis sostiene el cofre. Detrás de la esposa e hija, sacerdotes derraman agua purificada y tocan la boca del cofre de la momia con instrumentos del ritual. El hijo mayor quema incienso, y se recita un conjuro.

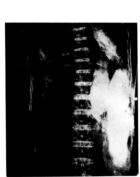

ETIQUETAS DE LAS MOMIAS
Se colocaban pequeñas etiquetas de madera en las momias para identificar el cuerpo y darle protección, como muestra uno de estos Anubis. El dios es negro porque ello simboliza la vida en el antiguo Egipto, ya que es el color del limo fértil del Nilo, pero también el de las momias.

CANOPES
Cualquier parte del cuerpo podía ser usada en hechizos contra alguien, así que en la momificación extraían los órganos y los colocaban en vasijas especiales llamadas canopes. Intestinos, estómago, hígado y pulmones, secos y envueltos en lino, se guardaban por separado.

¿QUÉ HAY ADENTRO?
La radiografía de una momia muestra con qué se remplazaron los órganos.

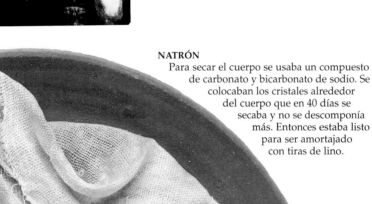

NATRÓN
Para secar el cuerpo se usaba un compuesto de carbonato y bicarbonato de sodio. Se colocaban los cristales alrededor del cuerpo que en 40 días se secaba y no se descomponía más. Entonces estaba listo para ser amortajado con tiras de lino.

Envoltura antigua de lino

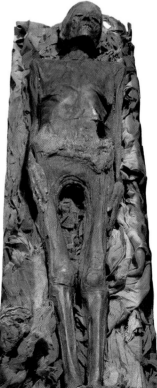

EN LA ENVOLTURA
Al desenvolver una momia se ve cómo el natrón detiene la descomposición. El cuerpo se conserva perfectamente, incluidas las uñas de manos y pies.

Cuerpos eternos

La última etapa en el proceso de embalsamado era poner el cuerpo en el sarcófago. Para la gente rica, éste podía ser un cofre elaborado con varias capas profusamente decoradas. El cuerpo se conservaría bien y, hasta donde los egipcios sabían, duraría por siempre. La razón por la que lo hacían era porque pensaban que después de la muerte física varios elementos seguían viviendo. El más importante era el *"Ka"*, el cual creían era el doble del cuerpo y lo regresaba a la vida. Otro espíritu que sobrevivía era el *"Ba"*, que tenía la cabeza del muerto y cuerpo de halcón. También pensaban que la sombra de una persona tenía una existencia eterna al igual que su nombre. El objeto del proceso de momificación era hacer de un cadáver listo para descomponerse, un cuerpo eterno y proporcionar al *Ka* una casa en la otra vida. Cuerpos magníficamente conservados encontrados en tumbas egipcias muestran la habilidad de los embalsamadores.

Mano y brazo de una momia egipcia que muestran detalles de la piel y las uñas

HÉROE DE HORROR
El cuerpo de Ramsés III, que gobernó Egipto en el siglo XII A. C., muestra los ojos rellenos de lino y los brazos aún colocados como si sostuviera el báculo y el mayal (pág. 13). El actor Boris Karloff basó su traje y caracterización de momia en Ramsés III para su papel en la película *La momia*.

COFRE DE UNA MOMIA
Envuelto en lino, el cuerpo ya no se descomponía y la familia no podía ver posibles errores de los embalsamadores. Hay ejemplos, como el de una cabeza que se cayó y fue asegurada al cuello con un palo, y el de una reina cuya cara estaba tan bien rellena con almohadillas de lino que se desprendió del resto de la cabeza. El interior del sarcófago podría estar muy decorado con dioses del inframundo, y el exterior podría tener jeroglíficos de colores de conjuros destinados a ayudar al muerto en el reino de Osiris.

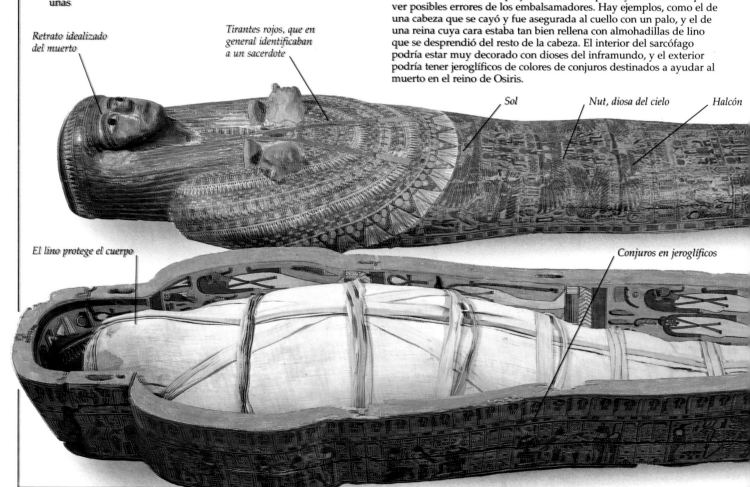

Retrato idealizado del muerto

Tirantes rojos, que en general identificaban a un sacerdote

Sol

Nut, diosa del cielo

Halcón

El lino protege el cuerpo

Conjuros en jeroglíficos

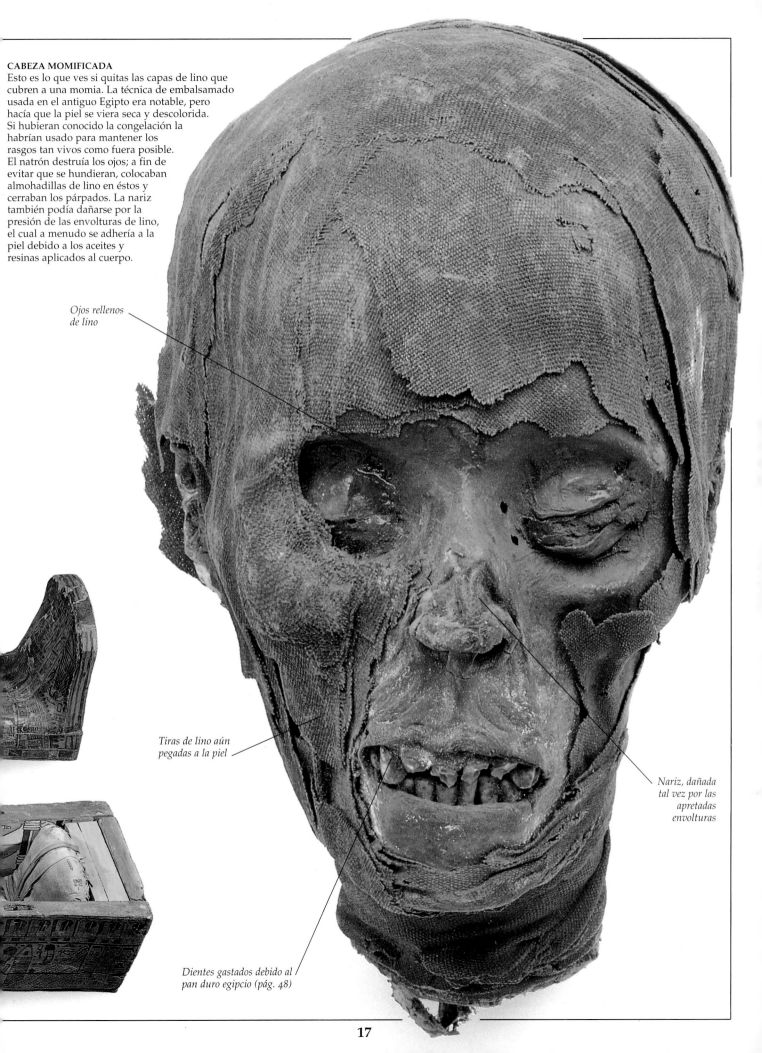

CABEZA MOMIFICADA

Esto es lo que ves si quitas las capas de lino que cubren a una momia. La técnica de embalsamado usada en el antiguo Egipto era notable, pero hacía que la piel se viera seca y descolorida. Si hubieran conocido la congelación la habrían usado para mantener los rasgos tan vivos como fuera posible. El natrón destruía los ojos; a fin de evitar que se hundieran, colocaban almohadillas de lino en éstos y cerraban los párpados. La nariz también podía dañarse por la presión de las envolturas de lino, el cual a menudo se adhería a la piel debido a los aceites y resinas aplicados al cuerpo.

Ojos rellenos de lino

Tiras de lino aún pegadas a la piel

Nariz, dañada tal vez por las apretadas envolturas

Dientes gastados debido al pan duro egipcio (pág. 48)

Los brazos extendidos muestran que el poder del dios va más allá de su cuerpo

Viaje al más allá

LOS ANTIGUOS EGIPCIOS creían que bajo la tierra existía un inframundo, al que llamaban Duat. Algunas partes estaban llenas de peligros, como lagos de fuego, víboras venenosas y verdugos. Los hechizos contrarrestaban esos peligros. Muchos de ellos eran escritos en los sarcófagos junto con un mapa del inframundo. Éstos se transformaron en vistosos rollos de papiro, a los que llamamos Libros de los muertos, debido a que muchos fueron descubiertos cerca de las momias. El libro era un pasaporte para los peligros ocultos del Duat. Si se lograba recitar los hechizos correctamente, se pasaba a salvo. El último peligro era fallar la prueba en el Salón de las Dos Verdades, donde se pesaba el corazón con los actos pasados. El papiro ayudaba a pasar la prueba y llegar a una tierra que era como el mismo Egipto.

PLAÑIDERAS
A más plañideras, más alta la jerarquía del muerto. Se contrataba a mujeres que movían los brazos, se echaban polvo en el pelo y lloraban en señal de duelo junto con la familia.

Estatua de un dios cabeza de carnero con resina negra

DIOS CON CABEZA DE CARNERO
A veces, se llevaban estatuas de dioses del inframundo a las tumbas del Valle de los Reyes (pág. 22). Con su poder para proteger del mal, protegerían al rey en su viaje al más allá. Tenían cabezas de criaturas, como tortugas, hipopótamos o carneros. Eran muy diferentes a otras deidades con cabeza de animal (pág. 24) que moraban sobre la tierra.

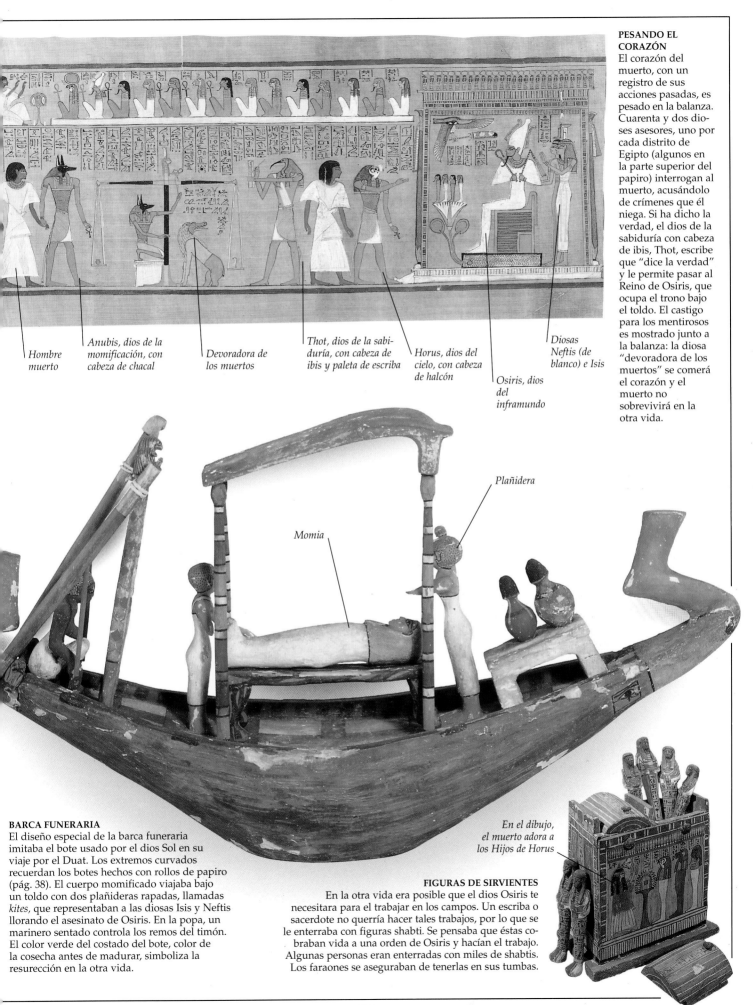

El corazón del
muerto, con un
registro de sus
acciones pasadas, es
pesado en la balanza.
Cuarenta y dos dio-
ses asesores, uno por
cada distrito de
Egipto (algunos en
la parte superior del
papiro) interrogan al
muerto, acusándolo
de crímenes que él
niega. Si ha dicho la
verdad, el dios de la
sabiduría con cabeza
de ibis, Thot, escribe
que "dice la verdad"
y le permite pasar al
Reino de Osiris, que
ocupa el trono bajo
el toldo. El castigo
para los mentirosos
es mostrado junto a
la balanza: la diosa
"devoradora de los
muertos" se comerá
el corazón y el
muerto no
sobrevivirá en la
otra vida.

*Hombre
muerto*

*Anubis, dios de la
momificación, con
cabeza de chacal*

*Devoradora de
los muertos*

*Thot, dios de la sabi-
duría, con cabeza de
ibis y paleta de escriba*

*Horus, dios del
cielo, con cabeza
de halcón*

*Osiris, dios
del
inframundo*

*Diosas
Neftis (de
blanco) e Isis*

Plañidera

Momia

BARCA FUNERARIA

El diseño especial de la barca funeraria
imitaba el bote usado por el dios Sol en su
viaje por el Duat. Los extremos curvados
recuerdan los botes hechos con rollos de papiro
(pág. 38). El cuerpo momificado viajaba bajo
un toldo con dos plañideras rapadas, llamadas
kites, que representaban a las diosas Isis y Neftis
llorando el asesinato de Osiris. En la popa, un
marinero sentado controla los remos del timón.
El color verde del costado del bote, color de
la cosecha antes de madurar, simboliza la
resurección en la otra vida.

*En el dibujo,
el muerto adora a
los Hijos de Horus*

FIGURAS DE SIRVIENTES
En la otra vida era posible que el dios Osiris te
necesitara para el trabajar en los campos. Un escriba o
sacerdote no querría hacer tales trabajos, por lo que se
le enterraba con figuras shabti. Se pensaba que éstas co-
braban vida a una orden de Osiris y hacían el trabajo.
Algunas personas eran enterradas con miles de shabtis.
Los faraones se aseguraban de tenerlas en sus tumbas.

Las grandes pirámides

LA PRIMERA PIRÁMIDE fue construida como tumba del rey Dyeser alrededor de 2650 a. C., por su dotado arquitecto Imhotep (págs. 34-35). Se erigió en seis etapas y se le conoce como la pirámide escalonada. Representaba una escalera gigante que el rey subiría para reunirse con el dios Sol en el cielo. Algunos reyes posteriores tuvieron pirámides escalonadas, pero en el reino del rey Snofru se desarrolló la verdadera pirámide con pendientes. La idea era recrear el montículo que había emergido del suelo acuoso al principio del tiempo, en el cual permaneció el dios Sol y donde creó a los otros dioses. La pirámide más grande es la Gran Pirámide de Guiza, construida para el rey Jufu alrededor de 2589 a.C. El propósito de las pirámides era proteger los cuerpos de los faraones enterrados en ellas. Pirámides posteriores tenían inscripciones de conjuros para ayudar al faraón en la otra vida. Puertas de granito y pasajes secretos impedían el paso a los ladrones. Pero, para 1000 a. C., todas las pirámides habían sido saqueadas.

ESCALADORES
Hoy en día en Egipto hay una ley que prohíbe que los visitantes escalen la Gran Pirámide. Pero en el siglo XIX mucha gente sintió el deseo de escalarla y admirar el paisaje. No era difícil de escalar, pero si resbalaban era casi imposible recuperar el equilibrio.

GRAN GALERÍA
Esta galería, de 154 pies (47 m) de largo y 28 pies (8.5 m) de alto, se erige hacia la cámara mortuoria. Tiene un techo magnífico de piedra. Después del entierro, la cámara se selló con grandes bloques de granito bajo la galería. El sarcófago del faraón no pudo ser conducido de la galería –era más ancho que ésta– a la cámara; debió de ser construido cuando la pirámide se estaba erigiendo.

Pirámides pequeñas, las tumbas de las esposas principales de Jufu

Templo mortuorio donde se hacían ofrendas

LA GRAN PIRÁMIDE
Construida para el rey Jufu hace 4500 años, la Gran Pirámide era una de las siete Maravillas del mundo. Tiene más de 2.3 millones de bloques de piedra caliza, que pesan entre 2.5 y 15 toneladas cada uno. Los constructores pudieron haber usado palancas para acomodar las piedras, pero no tenían poleas u otra maquinaria. Quizá tardaron 20 años en construir toda la pirámide. En los tres meses de la creciente del Nilo, aumentaba el número de artesanos y obreros porque los campesinos eran enviados para ayudar en la construcción. Las pirámides sólo fueron una parte del complejo mortuorio dedicado a la vida eterna del faraón. También había templos mortuorios para ofrendas y un canal que daba al valle del templo, donde se recibía el cuerpo del rey después de su largo viaje por el Nilo.

Canal que conectaba la pirámide con el templo en el valle del Nilo

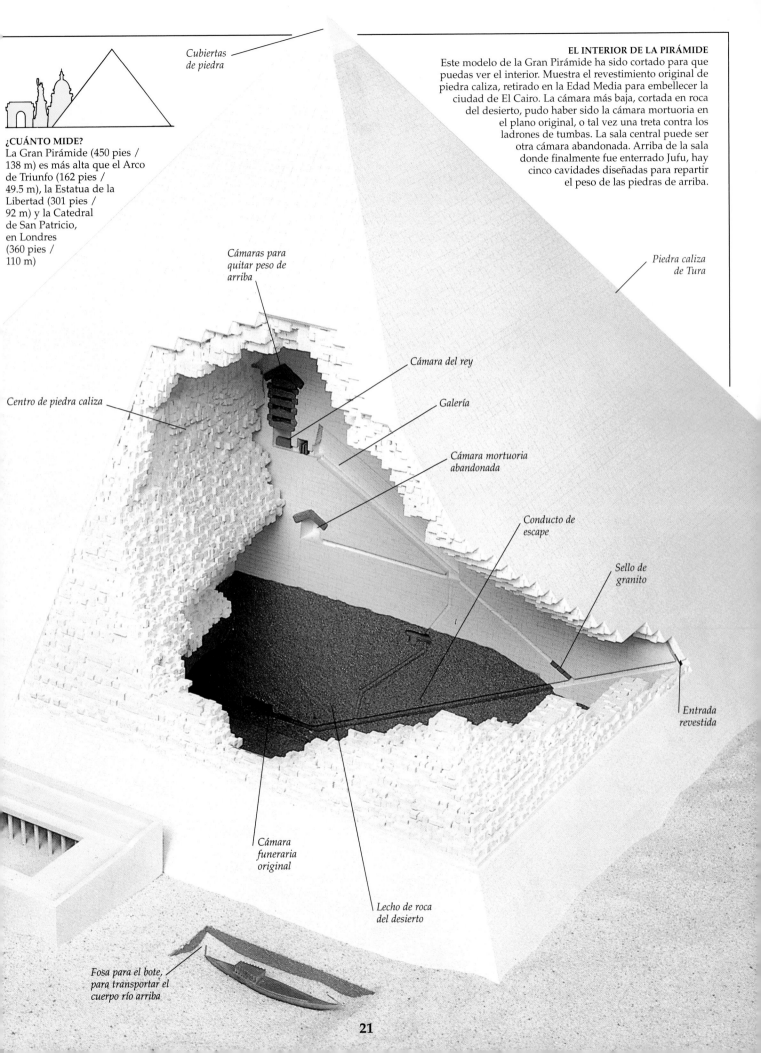

Cubiertas
de piedra

EL INTERIOR DE LA PIRÁMIDE
Este modelo de la Gran Pirámide ha sido cortado para que
puedas ver el interior. Muestra el revestimiento original de
piedra caliza, retirado en la Edad Media para embellecer la
ciudad de El Cairo. La cámara más baja, cortada en roca
del desierto, pudo haber sido la cámara mortuoria en
el plano original, o tal vez una treta contra los
ladrones de tumbas. La sala central puede ser
otra cámara abandonada. Arriba de la sala
donde finalmente fue enterrado Jufu, hay
cinco cavidades diseñadas para repartir
el peso de las piedras de arriba.

¿CUÁNTO MIDE?
La Gran Pirámide (450 pies /
138 m) es más alta que el Arco
de Triunfo (162 pies /
49.5 m), la Estatua de la
Libertad (301 pies /
92 m) y la Catedral
de San Patricio,
en Londres
(360 pies /
110 m)

Piedra caliza
de Tura

Cámaras para
quitar peso de
arriba

Cámara del rey

Centro de piedra caliza

Galería

Cámara mortuoria
abandonada

Conducto de
escape

Sello de
granito

Entrada
revestida

Cámara
funeraria
original

Lecho de roca
del desierto

Fosa para el bote,
para transportar el
cuerpo río arriba

El Valle de los Reyes

RAMSÉS VI
Este rey, fallecido en 1136 a. C., fue enterrado en un sarcófago de granito de muchas toneladas. Ésta es una parte de la tapa.

LA ÉPOCA DE LAS PIRÁMIDES terminó alrededor del año 2150 a. C. Casi todos los faraones, desde Tutmosis I (1504 a. C.) hasta Ramsés XI (1070 a. C.) eligieron ser enterrados en tumbas en el Valle de los Reyes. Lejos de la creciente, el valle se encuentra en los riscos al oeste del Nilo. En la entrada del frente había una loma donde se postaban los guardias. Algunas de las tumbas fueron colocadas en lo alto de los riscos para evitar la entrada de los ladrones; otras tenían portales elaborados y eran mucho más obvias. El patrón común era que la tumba tuviera un corredor, conocido como "camino del dios Sol", con un pozo cerca del extremo interior para colectar agua de lluvia e impedir los robos. Más allá se encontraba el "salón de oro", donde el rey, rodeado de muebles y joyas dorados, ropaje real e insignias, era enterrado. El contenido de la tumba de Tutankamón es el único que no fue robado antes de c. 1000 a. C.

DEIDAD DEL INFRAMUNDO
Este dios con cabeza de hipopótamo fue colocado en la tumba de Tutmosis III. Está cubierto de resina negra, el color de la vida en el antiguo Egipto. Su fisonomía feroz está dirigida a los enemigos del rey. Probablemente sea uno de los guardianes de los portales secretos de la mansión de Osiris.

SERPIENTE SAGRADA
Se pensaba que el valle era protegido por la diosa Merseguer, representada como una cobra. Los obreros de la tumba creían que ella cegaría o envenenaría a los criminales o a quienes hicieran juramentos falsos.

VISTA DEL VALLE
Esta vista del Valle de los Reyes del siglo XIX, del artista David Roberts, expresa algo de la soledad del lugar. Hoy en día, ofrece más ajetreo, con un camino moderno, un parque y tiendas de recuerdos que destruyen la atmósfera antigua.

CAPATAZ Y SU HIJO
Los capataces como Anherjau, mostrado aquí con su hijo, eran responsables de asegurarse de que las herramientas de metal se distribuyeran a los obreros. También organizaban al grupo en la tumba para que los cortadores de piedra fueran seguidos velozmente por los obreros y pintores, y no se detuviera el trabajo. Esta foto de Anherjau proviene de su tumba, pintada con riqueza de color.

DEIR EL MEDINA
Estas bases de piedra es todo lo que queda de la ciudad donde vivían los obreros de las tumbas. Fundada en el siglo XVI a. C., floreció durante 500 años, mientras se siguió enterrando a los reyes en el valle. Aproximadamente 60 familias vivían en estas casas.

REY MISTERIOSO
La estatua del rey fue encontrada en la tumba de Tutankamón, pero no se sabe por qué fue enterrada ahí. El monarca lleva la Corona Roja, símbolo de autoridad en el Bajo Egipto. El báculo representa su realeza y el flagelo, la fertilidad de la tierra.

La tumba del rey

El lugar de descanso del joven rey Tutankamón fue la única tumba de un faraón del Periodo Nuevo que casi no fue tocada por los ladrones. Fue la última tumba en ser descubierta en el Valle por Howard Carter en 1922. Contenía armas, ropa, muebles, joyas, instrumentos musicales, botes, el famoso sarcófago y la máscara del rey (pág. 11) . Muchos de estos artículos eran de oro sólido o tenían una capa de oro. El rey fue enterrado con sus dos hijas, muertas al nacer, y con una reliquia de familia, un mechón de cabellos de su abuela, la reina Tiyi.

TODO ARREGLADO
Los delicados objetos de la tumba de Tutankamón tuvieron que ser cuidadosamente transportados al Museo de El Cairo. En la foto, el arqueólogo Howard Carter y Lord Caernarvon envuelven la estatua de un guardián de la tumba.

Dioses y diosas

Los EGIPCIOS veneraban cientos de dioses y diosas diferentes; a veces resulta difícil saber quién era quién. Muchos dioses son representados por animales: en un templo un mandril podía ser Thot, dios de la sabiduría, y en otro, un dios lunar llamado Jonsu. Cada uno de los 42 distritos administrativos o "nomos" tenía un dios propio, además de otros. El dios Sol era la deidad dominante, aunque podía tomar formas diferentes. Al

LOS DIOSES Y SUS FABRICANTES
El detalle de una pintura del siglo XIX muestra cómo imaginaba el artista un taller de figuras egipcias de los dioses. El gato modela para una imagen de Bastet (pág. 25).

amanecer era Jepri, el escarabajo que empujaba el disco solar sobre el Oriente. Al atardecer era Atón, un anciano que se podía convertir en Harajti-Ra, el gran halcón que se eleva al cielo. Era considerado como responsable de la creación: gente, animales, fertilidad de la tierra y el viaje del rey a través del inframundo. Como Amón-Ra, era el rey de los dioses, protector del faraón cuando salía en campaña militar. El faraón Akenatón vio al dios Sol como un disco cuyos rayos terminaban en manos humanas que entregaban el signo de la vida a la familia real, y desterró a los otros dioses. Su hijo Tutankamón restableció sus cultos (págs. 10-11).

Ojo wadjet

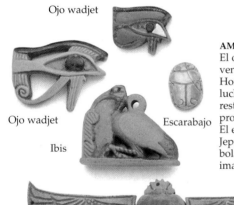

Ojo wadjet

Ibis

Escarabajo

Escarabajo alado

AMULETOS
El ojo wadjet simboliza los ojos vengadores del dios Sol y del dios Horus, descuartizado por Seth en la lucha por el trono de Egipto, pero restaurado mágicamente. Se creía que protegía todo lo que estaba detrás de él. El escarabajo simbolizaba al dios Sol, Jepri. El insecto verdadero empuja una bola de estiércol, y los egipcios imaginaban que el Sol era empujado de forma similar. El ibis sagrado representa a Thot, dios de la sabiduría y la salud.

AMÓN-RA (d.)
Amón-Ra fue el dios principal del Reino Nuevo. Entregó la cimitarra de la conquista a los grandes faraones guerreros, como Tutmosis III. Su naturaleza era misteriosa, incluso para otros dioses. La palabra "Amón" significa "oculto".

THOT (ab.)
El pico curvo del ibis era como la luna creciente, por ello el ave se volvió símbolo del dios de la luna, Thot. Él dio a los egipcios escritura, medicina y matemáticas y era el patrono de los escribas.

ANUBIS
Los chacales solían frecuentar cementerios, por lo que se les relacionaba con los funerales; se pensaba que un dios chacal protegía el dominio de los muertos. Anubis también vigilaba el embalsamamiento (pág. 14) y cuidaba el lugar de la momificación.

DIOSES DE PROSPERIDAD
Estas figuras atan las plantas del papiro y loto del Alto y Bajo Egipto, alrededor del jeroglífico que simboliza "la unidad". A menudo llamados "dioses del Nilo", estas figuras simbolizaban la fertilidad de la creciente anual del río.

CARA A CARA
El rey de Egipto era la encarnación del dios Horus, por lo tanto se le consideraba divino. Este relieve muestra a Tutmosis III ante el dios. El dios con cabeza de halcón también era una deidad solar; los ojos del halcón en lo alto del cielo eran como el Sol y la Luna. Horus significa "El que está en lo más alto".

BASTET
Bastet, la diosa gato hija de Ra, el dios Sol, representaba el poder del sol para madurar las cosechas. Le ofrendaban muchas figuras de bronce en su ahora derruido templo al noreste del delta.

OSIRIS
Llamado "El Señor de los occidentales", la zona donde estaba la mayoría de los cementerios, Osiris era el dios del inframundo. Se creía que su reino, más allá de las zonas peligrosas bajo tierra, era como Egipto.

Collar de plata con ojo wadjet

Escarabajo

Corona de palmas y plumas de avestruz

Báculo y flagelo demuestran que Osiris es el rey del inframundo

JNUM
El dios con cabeza de carnero, Jnum, gobernaba las peligrosas cataratas del Nilo y decidía si el dios Hapy causaba la creciente anual.

Magia y medicina

LOS DIOSES DE LOS TEMPLOS intervenían poco en la vida de los antiguos egipcios, por lo que la gente recurría a la magia para aminorar problemas como los peligros del parto, la mortandad infantil y las fiebres. Los egipcios tenían grandes habilidades médicas. Los manuales médicos de papiro describen cómo tratar enfermedades y revelan un conocimiento anatómico detallado. Describieron la importancia del corazón y cómo "habla" por la nuca y las manos, una referencia al pulso. Había remedios para problemas ópticos, ginecológicos y de tumores causados, según creían, por criaturas parecidas a gusanos que invadían el cuerpo. Médicos y magos trabajaban juntos, usando medicina y conjuros para problemas como picaduras de víbora o escorpión. Usaban magia contra heridas de cocodrilo o fantasmas de los muertos. Si creían que el espíritu de un familiar estaba molesto, le escribían cartas en vasijas que llevaban a su tumba. Amuletos y hechizos contrarrestaban los peligros.

Panel de la tumba de Hesiré, dentista del rey, 2700 a. C.

Amuleto de la cabeza

AMULETOS
En vida los amuletos mágicos podían llevarse en collares y brazaletes, y eran colocados entre las vendas de la momia para protegerla en la vida posterior. Su intención era proteger al poseedor de cualquier daño; a veces contenían conjuros.

Amuleto pilar

Amuleto nudo

Plantas poderosas

Las plantas tenían un papel importante en la magia y la medicina. Muchas eran muy valiosas. Las bayas de enebro eran tan importantes que las importaban de Líbano. Otras, como el ajo, se usaban por sus propie-dades medicinales aún valoradas en algunas partes del mundo; también las usaban en magia.

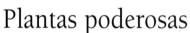

LOTO
Para los egipcios, esta flor era muy importante. Decoraban templos y muchas pertenencias con imágenes de loto.

Botón de loto

BAYAS DE ENEBRO
Eran colocadas en las momias de la realeza y nobleza, o en cocodrilos o canastas en las tumbas. Su jugo se usaba para purificar el cuerpo.

OYE NUESTRA ORACIÓN
Esta estela tiene una oración para el dios Ptah, con orejas para ayudarlo a oír.

DIOSA DEL PARTO
Las oraciones a esta diosa eran esenciales para el parto. Llamada Taueret, se la representaba como un hipopótamo hembra preñada. Puede parecer feroz para alejar al diablo de la mujer. Tal vez de su pecho manaba un líquido mágico.

ALHEÑA
Usada para pintar cabello y piel, se suponía que la alheña tenía el poder de proteger del peligro.

AJO
Usado en entierros; se creía que repelía víboras y solitarias.

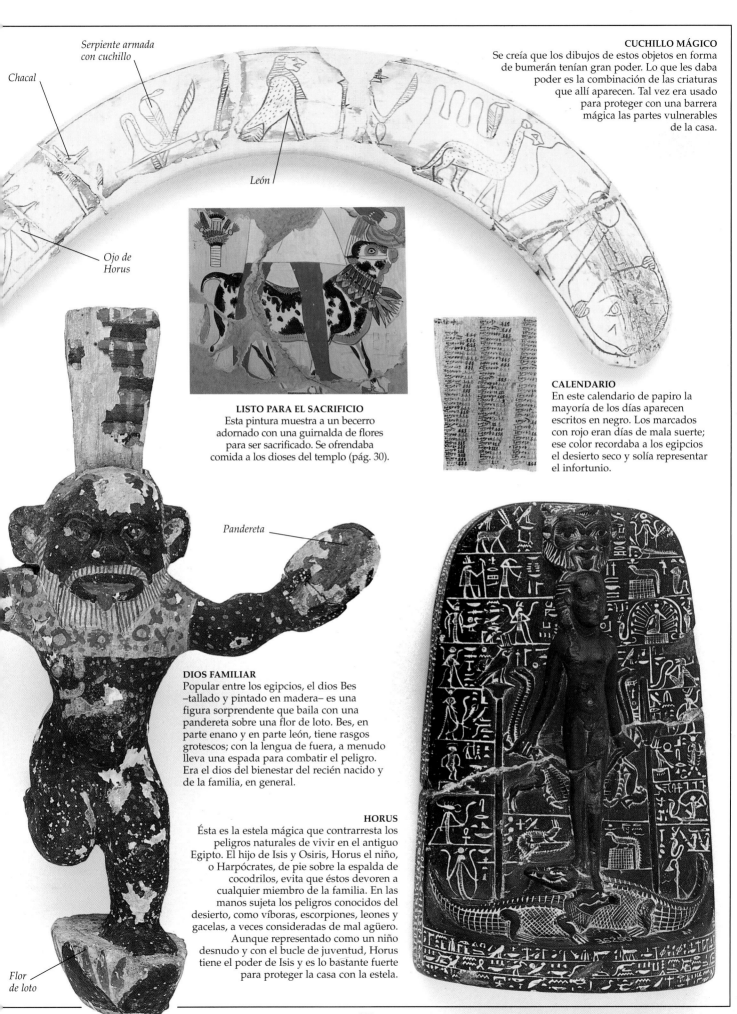

Chacal

Serpiente armada con cuchillo

Ojo de Horus

León

CUCHILLO MÁGICO
Se creía que los dibujos de estos objetos en forma de bumerán tenían gran poder. Lo que les daba poder es la combinación de las criaturas que allí aparecen. Tal vez era usado para proteger con una barrera mágica las partes vulnerables de la casa.

LISTO PARA EL SACRIFICIO
Esta pintura muestra a un becerro adornado con una guirnalda de flores para ser sacrificado. Se ofrendaba comida a los dioses del templo (pág. 30).

CALENDARIO
En este calendario de papiro la mayoría de los días aparecen escritos en negro. Los marcados con rojo eran días de mala suerte; ese color recordaba a los egipcios el desierto seco y solía representar el infortunio.

Pandereta

DIOS FAMILIAR
Popular entre los egipcios, el dios Bes –tallado y pintado en madera– es una figura sorprendente que baila con una pandereta sobre una flor de loto. Bes, en parte enano y en parte león, tiene rasgos grotescos; con la lengua de fuera, a menudo lleva una espada para combatir el peligro. Era el dios del bienestar del recién nacido y de la familia, en general.

HORUS
Ésta es la estela mágica que contrarresta los peligros naturales de vivir en el antiguo Egipto. El hijo de Isis y Osiris, Horus el niño, o Harpócrates, de pie sobre la espalda de cocodrilos, evita que éstos devoren a cualquier miembro de la familia. En las manos sujeta los peligros conocidos del desierto, como víboras, escorpiones, leones y gacelas, a veces consideradas de mal agüero.
Aunque representado como un niño desnudo y con el bucle de juventud, Horus tiene el poder de Isis y es lo bastante fuerte para proteger la casa con la estela.

Flor de loto

Sacerdotes y templos

En teoría, el faraón cumplía con las obligaciones de gran sacerdote en cada templo de Egipto, pero a menudo el sacerdote principal tomaba su lugar. En los templos grandes como Karnak en Tebas, dedicado a Amón-Ra, rey de los dioses, el sacerdote principal tenía gran poder y controlaba la enorme riqueza y las vastas tierras del templo. El cargo de sacerdote principal podía permanecer por generaciones en una familia hasta que el faraón daba otro nombramiento. Los sacerdotes tenían títulos que indicaban su poder. Podían ser llamados "siervos de dios" con el agregado de "primero", "segundo" o "tercero" para mostrar su jerarquía. Los de niveles más bajos podían ser llamados "puros" o "padres de dios", y servían al sistema de lista del templo, cuidando las propiedades y encargándose de los registros administrativos.

ALIMENTANDO A LAS AVES
Dedicados al dios Thot, los ibis eran venerados en Egipto. Este detalle de una pintura del siglo XIX muestra a una sacerdotisa alimentando a las aves.

Bucle de cabello

SACERDOTE ARRODILLADO
Este tipo de sacerdote se llamaba "iunmutef", es decir, "pilar de su madre". Simbolizaba al divino Horus niño (pág. 27); viste piel de leopardo y lleva el cabello recogido en un bucle, lo que representa juventud. Se arrodilla frente una mesa de ofrendas.

Mesa de ofrendas

Garra y cola de leopardo

PUERTA FALSA
Los nobles tenían capillas en las tumbas con puertas falsas que daban la idea de comunicar con la tumba y el lugar donde se hacían ofrendas a los dioses. "Los sacerdotes del alma" dejaban ofrendas de comida y bebida en estas puertas. En esta puerta, los portadores llevan carne, aves de corral y pan a la tumba.

TEMPLO DE DENDERA
El templo de la diosa Hathor, como está ahora, data de la época en que Egipto era gobernado por griegos y romanos (págs. 62-63). De hecho, Cleopatra aparece en el muro posterior. Las cabezas son de la diosa Hathor.

EL ÚLTIMO TEMPLO
Este detalle de una pintura de David Roberts, quien viajó por todo Egipto en el siglo XIX, muestra el templo de Isis en la isla de Filos. Fue el último templo en caer en manos de los cristianos. El emperador romano Justiniano lo clausuró en el siglo VI d. C. y ordenó que lo convirtieran en iglesia.

ESCULTURAS COLOSALES
Cerca de la segunda catarata del Nilo en Abu Simbel, Nubia, Ramsés II ordenó esculpir dos templos en los riscos de piedra arenisca. Éste fue esculpido para él y tres importantes dioses, Amón, Harajti-Ra y Ptah. Estatuas colosales de Ramsés flanquean la entrada.

Obeliscos

Los egipcios esculpían obeliscos de piedra con los títulos de sus reyes y dedicatorias a los dioses. La punta del obelisco representa el suelo que el dios Sol pisó para crear el universo.

¿POSTE EN LA ENTRADA?
Éste era uno de dos obeliscos en la entrada del templo de Luxor. El otro fue dado al Rey de Francia; ahora está en la Plaza de la Concordia, París.

PENSADOR
La expresión de este sacerdote parece de preocupación. Las líneas de la frente, las bolsas debajo de los ojos y las arrugas alrededor de la boca indican una vida de contemplación seria. Es calvo porque la mayoría de los sacerdotes tenían que eliminar su cabello.

Diosa del cielo alada

Hijo de Horus, que cuida a los sacerdotes momificados

SARCÓFAGO DE ORO
Ataúd de una sacerdotisa del dios Amón que cantó en su honor en los rituales del templo. Tenía tres, de los cuales éste, de madera dorada, es el más bello. Su rostro aparece como le habría gustado para la eternidad.

Ritos sagrados

Algunos SACERDORES SELECTOS estaban involucrados en las ceremonias en el santuario del templo. En procesión con incienso y lámparas, y rociando de agua del lago sagrado del templo, el sacerdote principal se acercaba al santuario diciendo "Yo soy puro". Rompía el sello de arcilla de la puerta del santuario y descubría la estatua de oro del dios, a la que decoraba antes de hacer una ofrenda de alimentos. Posteriormente dejaban el santuario; alguno barría el piso conforme iban saliendo para no dejar rastro de su presencia.

BALDE SAGRADO
Este recipiente de bronce, llamado situla, se llenaba con agua del lago sagrado del templo. Debió usarse en ceremonias en las que se rociaba agua. Está decorado con imágenes de dioses y gobernantes ancestrales de Egipto.

Luna creciente y luna llena adoradas por mandriles

VASIJA RITUAL
Las vasijas metálicas se usaban para rociar agua sagrada en las ofrendas y mostrar su pureza a los dioses. También para mezclar agua y natrón (pág. 15) para el lavado ritual antes y después de comer en un festival o rito en el templo.

La base en punta permite colocar la situla en un pedestal

Taza para quemar incienso

DEVOTA
Esta sacerdotisa, una mujer llamada Deniu-en-Jons, lleva ofrendas al dios Harajti-Ra. El dios con cabeza de halcón lleva el *ankh*, signo de la vida, al igual que los símbolos reales del báculo y el flagelo.

Recipiente para bolas de incienso

PROCESIÓN
Grupo de sacerdotes con cabeza rapada; se afeitaban el cabello para asegurar la limpieza. El líder lleva un incensario y rocía agua sagrada.

Mandril

Ave

Chacal

Rana

OFRENDA
Esta placa de bronce muestra a un sacerdote echando agua sagrada en algunas ofrendas. Al dios se le ofrecen rebanadas redondas de pan y una vasija de líquido. Al frente hay un canal por el cual drena el agua sagrada.

Una de las muchas pinturas que muestran el uso de incensarios

AMBIENTADOR
El incienso produce un humo perfumado al quemarse. En los templos se usaba para atraer la atención del dios con una fragancia agradable y purificar la atmósfera del templo. Este incensario de bronce tiene una cabeza del dios halcón en un extremo.

ESTANDARTE ORNADO
Los sacerdotes llevaban estandartes en las procesiones del templo. Todo lo que sobrevivió de éstos son los emblemas en lo alto de los mástiles. Éste muestra una pila de plantas de papiro, y en el extremo tiene al dios halcón Horus, identificado con el Rey de Egipto. Horus lleva la doble corona del Alto y del Bajo Egipto.

Diosa Mut

Cabeza de Hathor

Jonsu

ESPEJO PARA CULTO
Normalmente los objetos usados para el embellecimiento, como los espejos, eran colocados en los templos para uso del dios. Este ejemplo tiene un diseño lleno de símbolos religiosos. Del mango sale una luna creciente hacia un halcón, lo que sugiere un dios Luna como Jonsu. Las cabezas de la diosa Hathor adornan la columna en la cara del espejo. La diosa Mut, esposa del rey de los dioses y madre de Jonsu, es la figura presentada con un espejo en el centro.

Mango de marfil

Escribas y alumnos

LOS ESCRIBAS OCUPABAN UN ALTO NIVEL social. Los que eran capaces podían progresar; Horemheb, un escriba, incluso fue rey. Comenzaban su instrucción a los nueve años, y duraba cerca de cinco. Era rigurosa y difícil porque mientras ellos estudiaban, otros niños jugaban. Algunos papiros mencionan regaños de maestros a alumnos por descuidar sus estudios; a veces el castigo era físico. Se estimulaba a los alumnos exagerando los defectos de otros oficios: que joyeros y herreros se sofocaban con el calor de los hornos o que los tejedores sufrían calambres. El escriba, en cambio, aspiraba a ser respetado, a la exención de impuestos y del servicio nacional durante la creciente y a la inmortalidad por sus escritos.

Hoyo para la tinta

LISTO PARA TRABAJAR
Joven escriba cruzado de piernas con un rollo de papiro en las rodillas. Los escribas normalmente se representan sentados, como esta escultura.

Punta con muchas hojas

CENSO DE GANSOS
Este escriba cuenta los gansos de un noble. Pondrá el total en su rollo para el registro de impuestos. Al frente tiene su "portafolios" y, bajo el brazo, sus paletas y pinceles.

Tallo usado como material de escritura

PAPIRO
Esta caña triangular de cerca de 12 pies (4 m) de altura crecía a orillas del Nilo, pero desapareció debido a su sobreexplotación para fabricar botes, canastas, sandalias y cuerdas. Ahora se intenta reintroducirla en Egipto.

Corteza exterior pelada

Capas alternadas

LA HOJA DE PAPIRO
La médula del tallo se cortaba en láminas que se colocaban en dos capas, una horizontal y otra vertical, se cubrían con lino y se sometían a presión con una piedra o con un mazo. Con el tiempo, las láminas se pegaban unas con otras con su savia.

Centro cortado en láminas

Piedra

Mazo

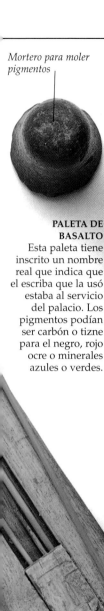

Mortero para moler pigmentos

PALETA DE BASALTO

Esta paleta tiene inscrito un nombre real que indica que el escriba que la usó estaba al servicio del palacio. Los pigmentos podían ser carbón o tizne para el negro, rojo ocre o minerales azules o verdes.

Dibujantes

Los artistas egipcios eran escribas profesionales especializados en dibujar para monumentos reales o funerarios. En tumbas sin terminar, como la del rey Horemheb, se aprecian todas las etapas de la pintura. Primero, dibujantes jóvenes dibujaban con rojo ocre sobre yeso seco. Luego, los mayores hacían las correcciones con negro. Posteriormente, los pintores coloreaban los dibujos, o los escultores quitaban el yeso del fondo para una pintura en relieve.

TABLA DE BOSQUEJO
La cuadrícula de ocre rojizo permitía al artista dividir el cuerpo humano en cuadros y dar las proporciones adecuadas en este boceto del rey Tutmosis III.

PALETA DE MADERA
La mayoría tenía paletas portátiles de madera, como ésta, ya que el dueño quizás viajaba por negocios o para cobrar impuestos.

ESCRIBAS Y SUPERVISOR
Ocupados en escribir en sus rollos, estos dos escribas parecen registrar las palabras del supervisor. Fíjate en el "portafolios" y el archivero frente a ellos.

Nombre de Ramsés I

Pinceles de caña para escribir con precisión

PINCELES
El pincel grueso de cuerda hecho de un rollo de papiro pudo haber sido usado por los pintores para cubrir superficies grandes en tumbas o templos. Con el otro pincel quizás pintaban jeroglíficos gruesos en estatuas enormes.

SIGNO DEL ESCRIBA
Este jeroglífico muestra una agarradera de un pincel, un recipiente de agua para mezclar los pigmentos y una paleta, que juntos forman la palabra egipcia para un escriba experto. La palabra se pronunciaba *sesh*.

ETIQUETA
Los escribas etiquetaban sus rollos. Éste nos dice que el papiro fue escrito durante el reinado de Amenhotep II y cuenta la historia de una higuera.

La escritura

LOS ESCRIBAS ERAN EXPERTOS en la escritura con jeroglíficos, sistema elaborado que utilizaba cerca de 700 signos. Era deliberadamente complicada para que unos pocos pudieran usarla y los escribas conservaran su rango. Los jeroglíficos se utilizaban en monumentos, templos, tumbas y papiros religiosos. Podían escribirse de arriba a abajo, de izquierda a derecha o viceversa. Para contratos, cartas e historias usaban una forma diferente de escritura llamada hierática, una versión más rápida de los jeroglíficos, siempre de derecha a izquierda. Luego desarrollaron una aún más rápida, la demótica, a menudo usada en documentos legales. Quienes vivieron al final de esta civilización también escribían en griego, la lengua de los gobernantes.

IMHOTEP
Este talentoso escriba vivió hace unos 4,500 años. Fue el sacerdote más importante del dios Sol y diseñó la primera pirámide en Saqqara. A su muerte se le reconoció sabiduría ilimitada y con el tiempo se volvió un dios. Aquí aparece desenrollando un papiro.

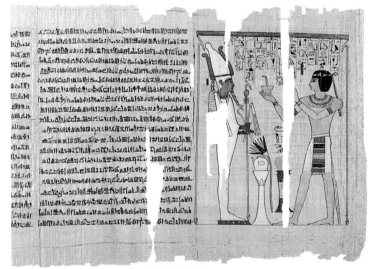

DOS ESCRITURAS
En el papiro los escribas solían usar una forma de escritura rápida llamada hierática. Aquí, los jeroglíficos aparecen arriba de la pintura de un sacerdote importante que da una ofrenda a Osiris. A la izquierda, la escritura hierática.

PLACA DE PUERTA REAL
Los jeroglíficos de esta placa metálica dicen: "Siempre vivirá el bien amado de Ra, Amenhotep el dios, rey de Tebas."

Nombre del rey en un óvalo llamado cartucho

SELLO CILÍNDRICO
Los sellos son una forma antigua de probar la propiedad o la autoridad. Éste tiene el nombre del rey Meryra, y el de uno de sus funcionarios, obviamente el dueño del sello. La impresión de la derecha muestra la superficie total del sello.

Cartucho con el nombre del rey Meryra

Nombre del funcionario

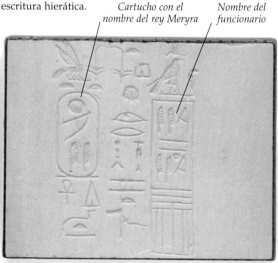

Anverso   Reverso

Escarabajo pequeño

La piedra Rosetta

Cuando se cerró el último templo en el siglo VI d. C., la habilidad de leer jeroglíficos se perdió, hasta el descubrimiento de esta piedra en 1799. En la piedra hay tres escrituras. La parte de abajo está en griego, el centro en demótico y la superior en jeroglíficos. Primero fue colocada en un templo. Era un "agradecimiento" al gobernante griego de Egipto, Ptolomeo V, quien reinó en el siglo II a. C. por las prebendas a los sacerdotes. Las tres partes tenían el mismo texto, lo que permitió traducirlo.

ESCARABAJOS
El escarabajo, símbolo del dios Sol (pág. 24), a menudo era tallado en el anverso del sello. El reverso podía incluir nombres, títulos o información que imprimir en arcilla o papiro. El escarabajo grande dice que Amenhotep III mató 102 leones en su reinado.

LOS JEROGLÍFICOS Y SU ORIGEN
Los escribas ilustraban sus escritos con imágenes del mundo a su alrededor. El búho representaba la consonante "m". En la pintura es parte del nombre real "Amenemhat".

JEAN-FRANÇOIS CHAMPOLLION
El arqueólogo francés, J. F. Champollion pasó muchos años descifrando los símbolos de la piedra de basalto hallada en Rosetta, al oeste del delta. Su trabajo con la piedra de Rosetta fue un avance en la traducción de jeroglíficos antiguos.

DEVELANDO LA PIEDRA
Cuando se supo que la piedra tenía nombres reales como el de Ptolomeo, los jeroglíficos equivalentes pidieron ser hallados en la parte superior de la piedra. Así se dedujeron los jeroglíficos que formaban otras palabras y el texto se descifró gradualmente.

CUADERNO
Los estudiantes de escriba necesitaban mucha práctica para algunos jeroglíficos. Aquí, un escriba puso empeño en dibujar un pato, que se usa en la palabra "primer ministro". El escriba también practicó el dibujo de la cabeza de un león, usado en una de las escenas del Libro de los Muertos.

Armas de guerra

Soldados con lanzas, escudos y hachas reciben órdenes con trompeta. No usaron carros hasta cerca de 1600 a. C.

Los soldados desempeñaron su primer papel importante en Egipto alrededor de 3000 a. C. Después, los faraones emprendieron campañas militares en Palestina, Siria y Nubia. El ejército, bien organizado, tenía una jerarquía de oficiales, desde el mismo faraón hasta oficiales a cargo de grupos de 50 soldados, y escribas que redactaban informes y registros de campaña. Había infantería y tropas en carruajes de madera tirados por dos caballos, cada uno con dos soldados. Eran como plataformas móviles con arqueros que atacaban al enemigo. En tiempos de paz, los soldados participaban en tareas civiles, como la excavación de canales de irrigación o el transporte de piedras del desierto para la tumba del rey.

Hacha ceremonial con cabeza adornada

Hoja grande para "rebanar"

Hacha de batalla

Hacha con mango de plata

REY EN GUERRA
Esta escena del lado de una caja descubierta en la tumba de Tuntankamón, muestra al rey que aparece atacando a enemigos de Nubia. Va solo en un carruaje tirado por dos caballos, seguido de abanicadores. En la vida real seguramente tendría un conductor. Sus enemigos van cayendo en desorden.

HACHAS ANTIGUAS
El hacha se usó como arma en todo el Cercano Oriente. Esta hacha con mango de plata tiene una hoja larga diseñada para rebanar. El trabajo del metal es ceremonial, pero también pudo haber sido un arma eficaz, como la sencilla hacha de la derecha.

Clavo de plata

Punta de pedernal

PROTECTOR DE DEDO

Los arqueros a veces tensaban su arco jalando la cuerda casi hasta tocar sus orejas. Este hueso protegía el dedo del arquero del dolor causado por la cuerda de tripa de animal al tensar el arco.

CHICO PERO LETAL

Las primeras puntas de flecha eran de pedernal o de madera dura, como el ébano; después usaron bronce. Las de forma de herradura fueron diseñadas para herir, mientras que las triangulares eran para matar al enemigo en el acto.

HOJAS FIABLES

Con mangos más rectos que las dagas, el diseño de las espadas se basaba en los del Cercano Oriente. Su ventaja era que podían sostenerse con firmeza, además de tener una hoja más larga, unida con remaches.

Punta de bronce

EN LA MARCHA

Protegidos con escudos grandes de madera en vez de armadura pesada, estos soldados de infantería van armados con hachas y lanzas.

FLECHA

Con punta sin afilar y astil de carrizo (i.), quizá fue un arma para cazar, pero por el tamaño parece la flecha de un soldado.

Daga

MEDALLAS

El soldado distinguido en combate recibía moscas de oro, por "fustigar" al enemigo.

DAGA MORTAL

La daga egipcia tradicio-nal tenía hoja de cobre afilada, decorada con franjas. La cabeza de la hoja va remachada al mango. La empuñadura de marfil o hueso del mango se ajustaba a la mano. La daga colgaba del cinturón del faldellín o se guardaba en la vaina de madera y oro.

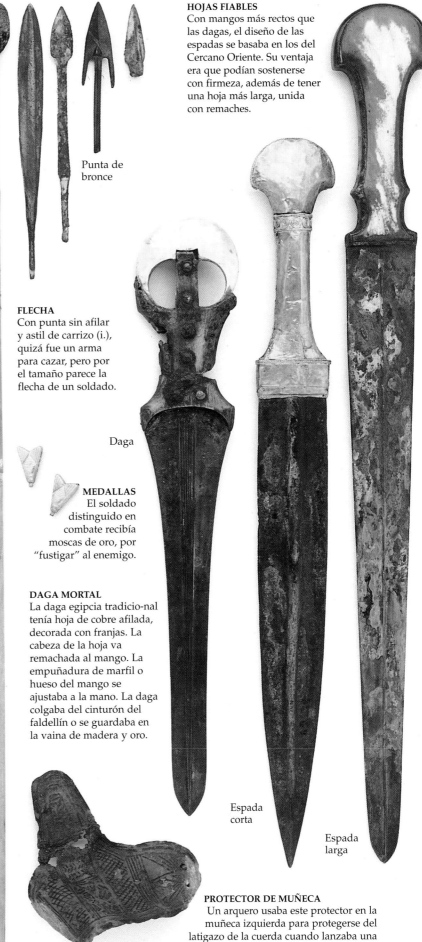

Espada corta

Espada larga

Tutankamón lleva un protector de muñeca

PROTECTOR DE MUÑECA

Un arquero usaba este protector en la muñeca izquierda para protegerse del latigazo de la cuerda cuando lanzaba una flecha. La lengüeta cubría hasta la palma.

Navegando por el Nilo

EL NILO era el camino principal de Egipto. Los primeros botes eran de papiro, pero en los astilleros del Nilo pronto se construyeron barcos de madera. La mejor prueba de la habilidad de los armadores es un barco de 130 pies (40 m) de largo construido para el rey Jufu hace unos 4,500 años, y descubierto en un hoyo cerca de la Gran Pirámide (págs. 20-21). Era una barcaza ceremonial sin quilla con una cabina para el rey; probablemente trasladó a Jufu con el dios Sol al más allá. Los relieves de los templos muestran otros barcos grandes que transportaban columnas grandes y obeliscos de granito de las canteras de Asuán a lugares muy lejanos. Desde botes de carga pequeños para transportar grano hasta barcos estatales para reyes y funcionarios de alto rango ofrecen un gran panorama del transporte por el Nilo. Los egipcios bautizaban sus barcos, como se hace hoy en día; por ejemplo, un comandante zarpó en uno llamado "Norteño" y fue promovido al"Creciendo en Menfis".

LA EXPEDICIÓN DEL RA
Los primeros botes egipcios eran de cañas de papiro, los cuales surcaban el Nilo en gran cantidad. Para los viajes en el océano usaban barcos de madera. El explorador Thor Heyerdhal navegó en su barco de papiro "Ra" de Egipto a América, con lo que demostró que un navío antiguo podría haber cruzado el océano.

DE PESCA
Estas canoas estaban hechas de cañas de papiro atadas con cuerdas. Dos remeros las impulsaban y éstas se mantenían unidas por la rastra. Puedes ver los peces atrapados, así como los flotadores en la orilla de la red. Los pescadores están listos para recoger la red con lo que pescaron.

Toldo protector

Remo

Timonel

Patrón del bote

DHOW
En el siglo XIX los botes *dhow* eran comunes en el Nilo, como en tiempos ancestrales.

TRABAJO EN CURSO

Un bote pequeño es apuntalado con leños mientras los constructores doblan las tablas que forman la cubierta para ajustarlas al casco. Al torcer las cuerdas con palos, los hombres gradualmente doblan las tablas. Otros obreros clavan y aplanan la base del timón.

CEDRO DE LÍBANO

En las laderas de los montes de Líbano y Siria crecían cedros y enebros, muy apreciados para construir impresionantes botes ceremoniales. El rey Seneferu envió 40 barcos a Biblos para reunir cedro. Éste puede medir de 60 a 100 pies (20 a 33 m) de alto; tiene ramas grandes. Con cedro se construyeron los barcos más grandes.

Vela cuadrada

Hombres tirando de la vela

TODO A BORDO

La verdadera medida de la riqueza de un terrateniente egipcio eran las cabezas de ganado que tenía. Las vacas se marcaban y protegían de los depredadores. Transportarlas por el Nilo o por un canal era difícil si no se podía vadear el agua; así que construyeron navíos especiales para el ganado. Aquí se ve al ganado, alimentado a mano, manteniendo apenas el equilibrio sobre la cubierta. En realidad estaban en la cubierta, pero el artista quería mostrar lo que sucedía por lo que las plasmó arriba en la pintura.

Hombres desencallando el barco

BOTE DE HACE 4,000 AÑOS

Se colocaban maquetas de botes en la tumba como transporte a la vida eterna. En ésta se aprecian las tablas rojas de la cubierta. Algunos hombres tiran del aparejo para dar la posición de viaje; otros usan pértigas para alejar el bote de la orilla o de un banco de arena, o para conducirlo con la brisa. En la proa, un marinero mide la profundidad del agua con una sonda, mientras otro controla el timón en la popa. Bajo el toldo, decorado con escudos, viajará el dueño con su "equipaje".

Sonda para medir la profundidad del agua

Compra y venta

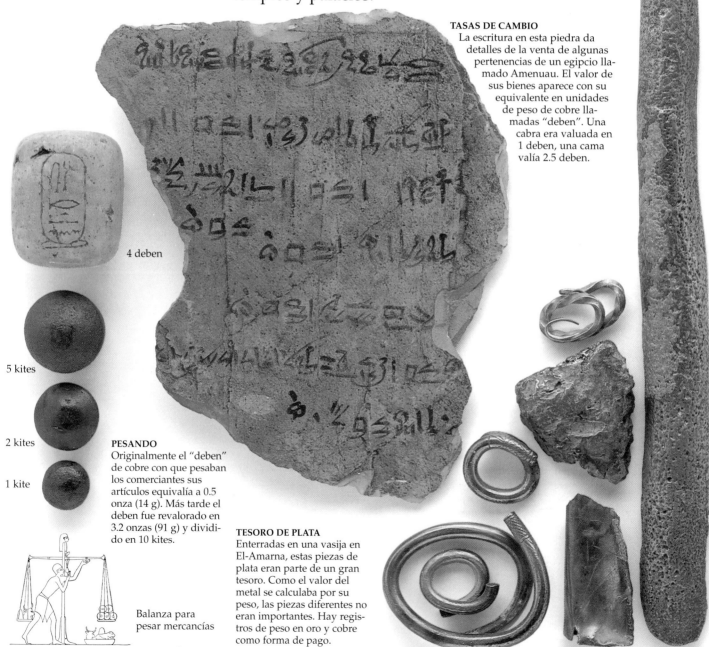

Egipto era el país más rico del mundo antiguo. Parte del oro de las minas del desierto oriental y Nubia se enviaba al extranjero en forma de regalos para gobernantes como el rey de Babilonia. A cambio, el faraón recibía princesas e imágenes de dioses. Aunque Egipto llegó a controlar el Nilo más allá de la frontera sur en Asuán, obtenía productos del África ecuatorial al comerciar con príncipes de Nubia, al sur de la primera catarata. Lugar importante de intercambio era Kerma, situado cerca de la tercera catarata. Los comerciantes adquirían productos como pieles de pantera, galgos, colas de jirafa para matamoscas, colmillos de elefante, mandriles y leones para templos y palacios.

EL TRUEQUE
Era una forma común de adquirir artículos. Unas sandalias se podían cambiar por un bastón fino o una prenda de lino por gran cantidad de comida. Estos hombres llevan mercancías para intercambiar, como patos y un jarrón de vino en la canasta con lazo.

TASAS DE CAMBIO
La escritura en esta piedra da detalles de la venta de algunas pertenencias de un egipcio llamado Amenuau. El valor de sus bienes aparece con su equivalente en unidades de peso de cobre llamadas "deben". Una cabra era valuada en 1 deben, una cama valía 2.5 deben.

4 deben

5 kites

2 kites

1 kite

PESANDO
Originalmente el "deben" de cobre con que pesaban los comerciantes sus artículos equivalía a 0.5 onza (14 g). Más tarde el deben fue revalorado en 3.2 onzas (91 g) y dividido en 10 kites.

Balanza para pesar mercancías

TESORO DE PLATA
Enterradas en una vasija en El-Amarna, estas piezas de plata eran parte de un gran tesoro. Como el valor del metal se calculaba por su peso, las piezas diferentes no eran importantes. Hay registros de peso en oro y cobre como forma de pago.

Descarga de vasijas de cerámica para vino de un barco en el Nilo, propiedad de un alto funcionario

DISCO DE MARFIL
Colmillos de elefante llegaban a Egipto por el comercio con Nubia y eran tallados como artículos de lujo, como esta cuchara cosmética. Si escaseaba el marfil de Nubia, usaban dientes de hipopótamo. El diseño de esta cuchara muestra la cabeza de Hathor, diosa de la belleza y de los países extranjeros.

CASIA
La corteza seca de un tipo de laurel, la casia, procedía de la India. Se usaba en perfumes e incienso.

Inscrustaciones de marfil

Mango de ébano

Hathor tiene orejas de vaca, su animal sagrado

La tierra de Punt

Los egipcios consideraban la tierra de Punt un lugar exótico y remoto. Se ignora su ubicación exacta, pero la ruta más frecuente parece haber seguido la costa del Mar Rojo, para luego ir por tierra hacia el río Atbara, un afluente del Nilo. En el siglo xv a. C. la reina Hatsheput envió cinco botes a Punt, los cuales llegaron a un puerto en la costa este de Sudán. Allí, los emisarios reales prosiguieron tierra adentro, en donde vieron a gente que vivía en casas sobre pilotes para protegerse de los animales. Volvieron con incienso.

OLÍBANO
En el este de Sudán, Etiopía, Somalia y Yemen cultivaban árboles de resina fragante.

REGALOS DE SIRIA
Estos príncipes de Siria rinden tributo al faraón. Le ofrecen vasijas de oro decoradas con flores de loto y recipientes de perfume en oro, lapislázuli o marfil. Un príncipe sirio lleva a su hija para que sea educada en la corte.

FLAGELO
El ébano, usado en este flagelo (i.), era muy apreciado y se importaba de África Central. Se compraba a embarcaciones de Nubia. Flagelos como éste eran símbolo de distinción.

Toro de lapislázuli montado en oro

LAPISLÁZULI
Comerciantes de Afganistán llevaron esta valiosa piedra a centros de cambio, como Biblos en Líbano. Los egipcios apreciaban esta gema pues creían que el cabello del dios Sol era de lapislázuli.

Lapislázuli en bruto

EL COMERCIO DE INCIENSO
La mirra y el incienso que los egipcios llevaban de Punt pudieron haber sido traídos de más al sur. No sólo llevaron la resina, sino que hasta árboles para plantarlos frente al templo de la reina Hatshepsut.

Un carpintero egipcio

GRABADO DEL REY
Esta escultura en miniatura de Tutankamón en la cama de momificación es una muestra de la pericia del escultor y su cuidado del detalle. El rey lleva tocado real; lo escoltan el dios halcón y un ave con cabeza humana que representa su alma. Fue dedicada al rey por Maya, su tesorero.

MUCHOS PRODUCTOS y herramientas del antiguo carpintero egipcio han sobrevivido, incluso una variedad de objetos hechos con distintos tipos de árboles que crecían en el valle o el delta del Nilo. Para los techos usaban la palma del dátil o la de la región. Las estacas y barras para ataúdes o muebles podían ser de acacia, y los bastones, de tamarisco. Una de las mejores maderas locales era la del sicomoro, con la que hacían ataúdes, mesas, cajas de cosméticos y estatuas. Las clases sociales altas preferían la madera importada. De Líbano y Siria procedían el cedro, el ciprés y el enebro. El ébano de África era muy apreciado para muebles, arpas, estatuas y tableros de juego. Por la calidad de sus productos, los carpinteros eran obreros apreciados, y a menudo se les pagaba bien en las fincas, los templos o el palacio.

Sierra metálica

Hoja metálica atada con piel

Mango de madera

FIGURILLA
El talento de los carpinteros se empleaba para tallar recipientes de cosméticos para las nobles. Éste está tallado delicadamente en forma de una sirvienta nubia.

CORTADOR
El hacha aparece en el jeroglífico para la palabra carpintero (*medjeh*). Se usaba principalmente para cortar árboles y tablones de madera a fin de construir barcos o planchas de ataúdes.

SIERRA
El carpintero sostenía un mango de madera y tiraba de la sierra a través de la madera, acción opuesta a la de una sierra moderna, que se empuja. Escenas en las tumbas muestran a un carpintero cortando una tabla que ha atado a un poste en el suelo.

AZUELA
Herramienta muy usada para desbastar madera. Las escenas de astilleros muestran su uso en la construcción de cascos para barcos; también se usaban para hacer ataúdes.

CABECERAS, UNA IDEA NO TAN MALA
En esta cama te relajarías apoyando la cabeza en un cojín sobre un soporte de madera. El aire podría circular bajo tu cuello y tu cabeza no tocaría la superficie, en la cual había insectos y escorpiones. No todas las cabeceras eran tan imaginativas como ésta, tallada en forma de liebre del desierto.

CABEZA DE CABRA
Sillas, cajas y cajones a menudo se decoraban con figuras de animales. Una silla podía tener patas de garras de león; un trono, brazos de víboras con alas o aves de rapiña. En esta pieza se ve el cuerno, la lana y la barba de una cabra. Quizá adornaba un cajón.

HOMBRES TRABAJANDO
Estos dos carpinteros están dando los toques finales a un ataúd de madera que ha sido cubierto con materiales de color. Uno usa un mazo para hacer un hoyo para un clavo mientras el otro pule la tapa.

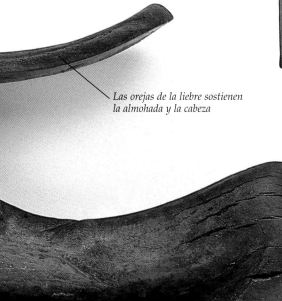

Las orejas de la liebre sostienen la almohada y la cabeza

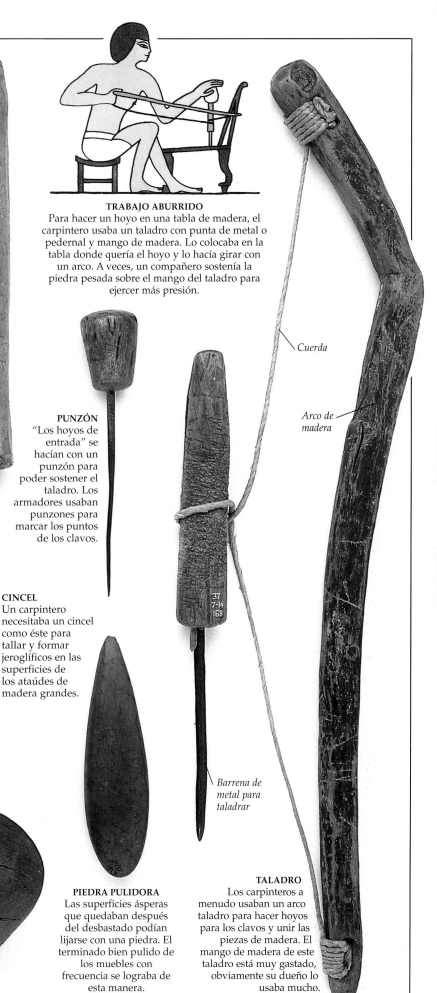

TRABAJO ABURRIDO
Para hacer un hoyo en una tabla de madera, el carpintero usaba un taladro con punta de metal o pedernal y mango de madera. Lo colocaba en la tabla donde quería el hoyo y lo hacía girar con un arco. A veces, un compañero sostenía la piedra pesada sobre el mango del taladro para ejercer más presión.

Cuerda

Arco de madera

PUNZÓN
"Los hoyos de entrada" se hacían con un punzón para poder sostener el taladro. Los armadores usaban punzones para marcar los puntos de los clavos.

CINCEL
Un carpintero necesitaba un cincel como éste para tallar y formar jeroglíficos en las superficies de los ataúdes de madera grandes.

Barrena de metal para taladrar

PIEDRA PULIDORA
Las superficies ásperas que quedaban después del desbastado podían lijarse con una piedra. El terminado bien pulido de los muebles con frecuencia se lograba de esta manera.

TALADRO
Los carpinteros a menudo usaban un arco taladro para hacer hoyos para los clavos y unir las piezas de madera. El mango de madera de este taladro está muy gastado, obviamente su dueño lo usaba mucho.

Caza y pesca

En el tiempo de los faraones se producía comida en abundancia, por lo que la caza era principalmente un pasatiempo para los reyes y los cortesanos. En los desiertos egipcios se podían cazar toros salvajes, gacelas, antílopes y leones. El rey Amenhotep III estaba orgulloso de haber matado más de 100 leones feroces en 10 años; también mató a más de 90 toros salvajes en una cacería. Por lo general no había peligro para el monarca, pues los toros estaban en un cerco en el pantano y eran matados uno por uno por el faraón desde su carruaje. Para empezar, los cortesanos cazaban a pie y sus seguidores cercaban las áreas para encerrar a los animales; después usaban los carruajes. Por otro lado, en el río había bastantes peces, los cuales podían ser capturados con anzuelos o redes. Los matorrales de papiro también ofrecían una variedad de aves y gansos. Aquí la técnica consistía en lanzar una vara a las aves cuando volaban de los matorrales.

PASEO FAMILIAR
Este noble está cazando aves entre los matorrales de papiro con una vara en forma de víbora, y las tres garzas que sostiene disimulan su proximidad. Ha traído a su gato, el cual ha atrapado tres aves. Con él está su hija sentada en el bote, y su esposa elegantemente arreglada para la cacería.

Puntas aplanadas para debilitar al animalal

FLECHAS
Arco y flecha aparecen en algunos de los primeros monumentos del antiguo Egipto. Las flechas de caña tenían puntas de marfil, hueso, pedernal, obsidiana o metal.

Punta afilada para matar en el acto

Hendidura para la cuerda del arco

CACERÍA DEL HIPOPÓTAMO
Este animal causaba estragos a los botes del Nilo y a las cosechas, así que cazadores en botes de papiro lo perseguían, debilitándolo gradualmente al pincharlo hasta que lo vencían. También usaban cuerdas para inmo-vilizarlo.

BUMERÁN
Bastón arrojadizo semicurvo de madera que se lanzaba a las aves con el fin de romperles el cuello o las alas, o al menos dejarlas sin sentido.

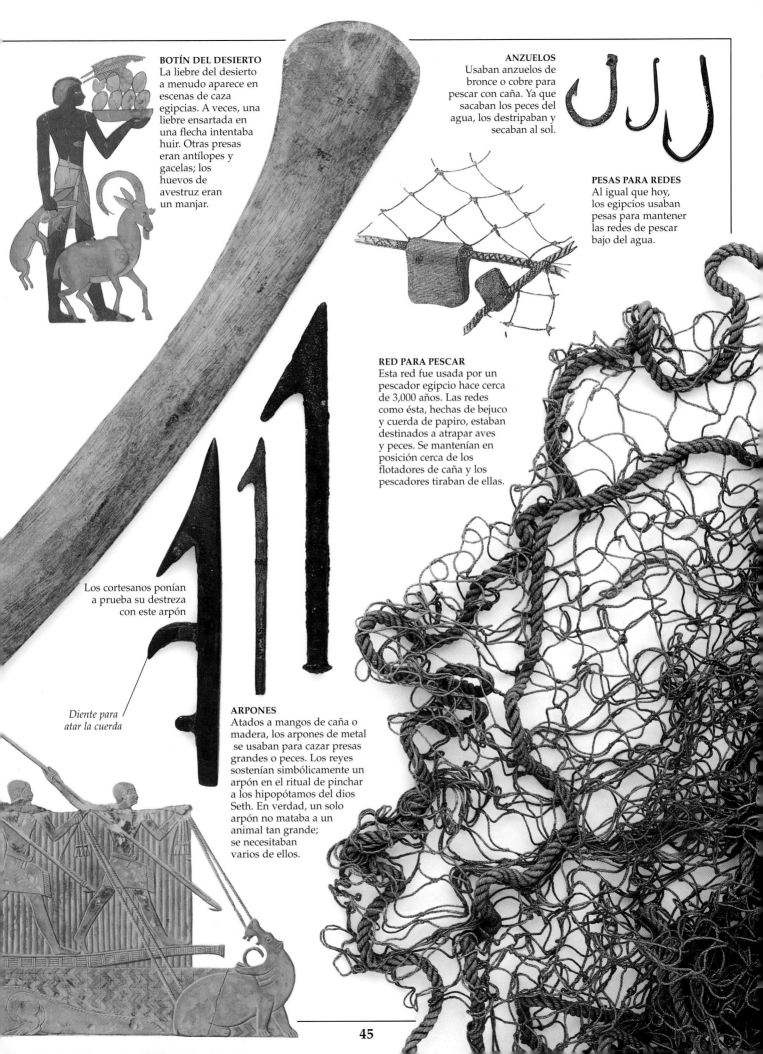

BOTÍN DEL DESIERTO
La liebre del desierto a menudo aparece en escenas de caza egipcias. A veces, una liebre ensartada en una flecha intentaba huir. Otras presas eran antílopes y gacelas; los huevos de avestruz eran un manjar.

ANZUELOS
Usaban anzuelos de bronce o cobre para pescar con caña. Ya que sacaban los peces del agua, los destripaban y secaban al sol.

PESAS PARA REDES
Al igual que hoy, los egipcios usaban pesas para mantener las redes de pescar bajo del agua.

RED PARA PESCAR
Esta red fue usada por un pescador egipcio hace cerca de 3,000 años. Las redes como ésta, hechas de bejuco y cuerda de papiro, estaban destinados a atrapar aves y peces. Se mantenían en posición cerca de los flotadores de caña y los pescadores tiraban de ellas.

Los cortesanos ponían a prueba su destreza con este arpón

Diente para atar la cuerda

ARPONES
Atados a mangos de caña o madera, los arpones de metal se usaban para cazar presas grandes o peces. Los reyes sostenían simbólicamente un arpón en el ritual de pinchar a los hipopótamos del dios Seth. En verdad, un solo arpón no mataba a un animal tan grande; se necesitaban varios de ellos.

Los egipcios en casa

LAS CASAS EN EL ANTIGUO EGIPTO eran de ladrillos de barro del Nilo que se recolectaba en canastas de piel y se llevaba al lugar de la construcción. Los trabajadores lo mezclaban con paja y piedras para reforzarlo; vertían la mezcla en moldes de madera para ladrillos y la dejaban secar al sol. Las paredes se cubrían con yeso, y a menudo se pintaba el interior con patrones o escenas de la naturaleza. En el interior las casas eran frescas, ya que las ventanitas dejaban entrar poca luz. Las familias ricas tenían casas grandes. Más allá de la entrada había habitaciones, aposentos privados y escaleras hasta el techo. La cocina estaba lejos de la sala para mantener ésta alejada de olores. Los egipcios daban fiestas en su casa, que los niños disfrutaban tanto como sus padres.

ALREDEDOR DEL ESTANQUE
Un estanque era la atracción central del jardín de una familia rica. Lleno de flores de loto y peces, el agua se cambiaba con regularidad para mantenerla fresca. En la orilla había arbustos y árboles, como sicomoros, higueras, dátiles y acacias.

COMODIDADES DE LA CASA
Casa típica, propiedad de un funcionario exitoso, el escriba real Najt. Hecha de ladrillos de barro, las paredes se recubrieron con yeso y piedra caliza. Las rejillas en lo alto de las paredes dejaban entrar un poco de luz y polvo, y las ventilas atrapaban el viento frío del norte. Al frente, el jardín con estanque y árboles, donde Najt y su esposa descansaban.

CASA DEL ALMA
Modelo de la casa de una familia más pobre, colocado en la tumba del dueño para su uso en la otra vida, por lo que le llamaba "la casa del alma". La entrada es una puerta con arco. Por la ventana entra poca luz y la escalera lleva al techo, por donde entra la brisa fresca del norte. La comida se guarda en un patio con pared en la parte norte de la casa.

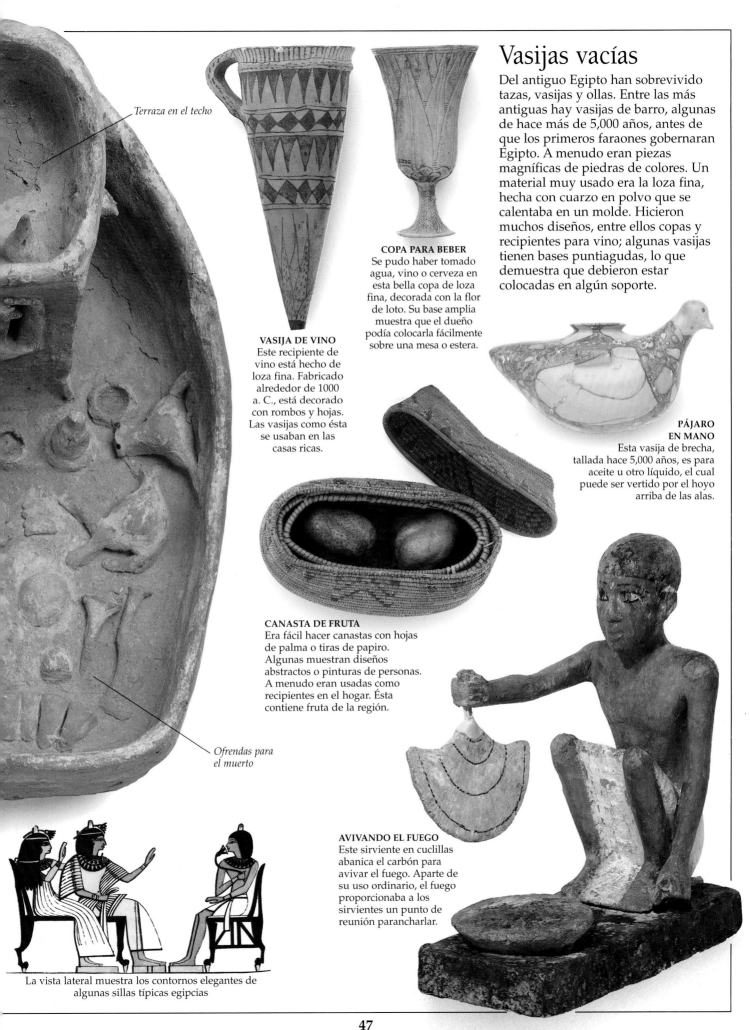

Terraza en el techo

Vasijas vacías

Del antiguo Egipto han sobrevivido tazas, vasijas y ollas. Entre las más antiguas hay vasijas de barro, algunas de hace más de 5,000 años, antes de que los primeros faraones gobernaran Egipto. A menudo eran piezas magníficas de piedras de colores. Un material muy usado era la loza fina, hecha con cuarzo en polvo que se calentaba en un molde. Hicieron muchos diseños, entre ellos copas y recipientes para vino; algunas vasijas tienen bases puntiagudas, lo que demuestra que debieron estar colocadas en algún soporte.

COPA PARA BEBER
Se pudo haber tomado agua, vino o cerveza en esta bella copa de loza fina, decorada con la flor de loto. Su base amplia muestra que el dueño podía colocarla fácilmente sobre una mesa o estera.

VASIJA DE VINO
Este recipiente de vino está hecho de loza fina. Fabricado alrededor de 1000 a. C., está decorado con rombos y hojas. Las vasijas como ésta se usaban en las casas ricas.

PÁJARO EN MANO
Esta vasija de brecha, tallada hace 5,000 años, es para aceite u otro líquido, el cual puede ser vertido por el hoyo arriba de las alas.

CANASTA DE FRUTA
Era fácil hacer canastas con hojas de palma o tiras de papiro. Algunas muestran diseños abstractos o pinturas de personas. A menudo eran usadas como recipientes en el hogar. Ésta contiene fruta de la región.

Ofrendas para el muerto

AVIVANDO EL FUEGO
Este sirviente en cuclillas abanica el carbón para avivar el fuego. Aparte de su uso ordinario, el fuego proporcionaba a los sirvientes un punto de reunión parancharlar.

La vista lateral muestra los contornos elegantes de algunas sillas típicas egipcias

Comida y bebida

EL LIMO FÉRTIL depositado por la creciente anual del Nilo permitía a los campesinos cultivar cebada y trigo, base de la dieta egipcia. Almacenadas en graneros, convertían estas cosechas en pan y cerveza. En el valle cultivaban verduras como cebolla, ajo, puerro, frijol, lenteja y lechuga. También calabaza, dátil, higo, pepino y melón, pero no frutas cítricas. Los panaderos horneaban pasteles de muchas formas y tamaños, que endulzaban con dátil o miel recolectada de colmenas cónicas de barro. Las uvas que crecían en el delta o en los oasis del desierto del oeste se destinaban para hacer vino o pasas. La gente menos acomodada consumía más pescado que carne y aves de corral. En un banquete la comida era variada: desde pato, ganso y buey hasta antílope y gacela. También cerdo, cordero y cabra hervidos o asados.

CARNICEROS TRABAJANDO
Se mataba un buey atando tres de las patas, tirándolo de lado y degollándolo. La pata que estaba libre se cortaba y, a veces, se daba como ofrenda religiosa.

EN EL VIÑEDO
Dos hombres cortan racimos de uvas de la vid. Este trabajo solía darse a los extranjeros o prisioneros del Cercano Oriente o Nubia. Cortaban las uvas para molerlas pisándolas.

PAN
Este pan de cebada se elaboró hace más de 3,000 años. Era duro porque a menudo la harina tenía arenilla de la molienda. Los estudios de momias muestran cierto desgaste dental.

COLADOR
Este sifón de madera con la boquilla perforada se usaba para que la cerveza fuera más sabrosa. Hecha de hojas de cebada trituradas, la espesa cerveza egipcia necesitaba ser colada con una canasta o con un sifón.

Perforaciones para colar

UVAS
Los egipcios tenían viñedos en el norte principalmente, como hoy en día. De las uvas rojas y verdes se obtenía el jugo que se fermentaba en vino. También importaban vino de Siria y Grecia.

Un soldado sirio sirve al faraón Akenatón, quien bebe cerveza con un sifón

DÁTILES DELICIOSOS
Los dátiles se comían frescos en la temporada de cosecha en agosto, o se secaban o prensaban. Asimismo, preparaban vino de dátil con la savia.

MANDRIL AL QUE LE GUSTAN LOS HIGOS
En el antiguo Egipto la fruta de la higuera era muy valiosa. Los ejemplos modernos son fácilmente identificables con los mismos del dibujo. A los mandriles les encantan los higos y a menudo son representados comiendo esta fruta de los platos o de los árboles.

Higo actual

COCOS
Estos cocos de la palmera de la región provienen de una ofrenda mortuoria de hace 3,000 años. La fruta tiene un sabor a jengibre. La cáscara es tan dura que podría usarse como cabeza de taladro.

Granada grande producida por un agricultor moderno

BANQUETE EGIPCIO
Los escribas y la nobleza gozaban de gran variedad de fruta, carne y aves. Este despliegue colorido y rico de comida y bebida ilustra una fiesta y banquete en Tebas. Las vasijas de vino están adornadas con hojas en su base. La comida incluye pasteles, higos, uvas, la cabeza de un becerro, el corazón y la pata delantera de un buey, un ganso y manojos de cebolla.

GRANADAS
La granada llegó a Egipto del Cercano Oriente y pronto su fruto fue popular. Este plato tiene granadas que originalmente fueron parte de una ofrenda mortuoria. La forma de la fruta se usaba como modelo para joyas y tazas. De la cáscara quizá extraían un colorante amarillo.

Fruta antigua

Canto y danza

LOS EGIPCIOS DISFRUTABAN LA VIDA plenamente. Escenas de fiestas en las tumbas, los cantos en papiro y los instrumentos musicales demuestran cuánto apreciaban la música y las fiestas. Tenían grandes festivales públicos, y miles de personas se entretenían con cantos y música de flauta, arpas y castañuelas, y bebían mucho vino. También se tocaba música en ocasiones más cotidianas. Se pisaban las uvas al son de las claves; los campesinos les cantaban a los bueyes que trillaban trigo con las pezuñas; una princesa tocaba el arpa mientras su esposo reposaba en un diván; las bailarinas danzaban en las procesiones. No se sabe cómo era la música, quizá el ritmo era fuerte, pero una pequeña orquesta en un banquete podía tener instrumentos de cuerda, viento y percusiones.

La cuerda une los discos

Las bailarinas se movían al ritmo de la música

CANTO Y DANZA
En esta sección de la pintura de una tumba, unas bailarinas y una orquesta de mujeres tocan una canción en alabanza a la naturaleza. Los dibujos de rostros vistos de frente son raros en el arte egipcio.

ARPA DE CINCO CUERDAS
Había arpas de varios tamaños, algunas tan altas como el músico. El número de cuerdas también variaba entre 4 y 20. La cabeza del rey puede indicar que ésta pertenecía a un músico de la corte.

Corona doble del Alto y Bajo Egipto

Cabeza del rey con tocado a rayas

Cuerpo de madera

Diseño de flor de loto

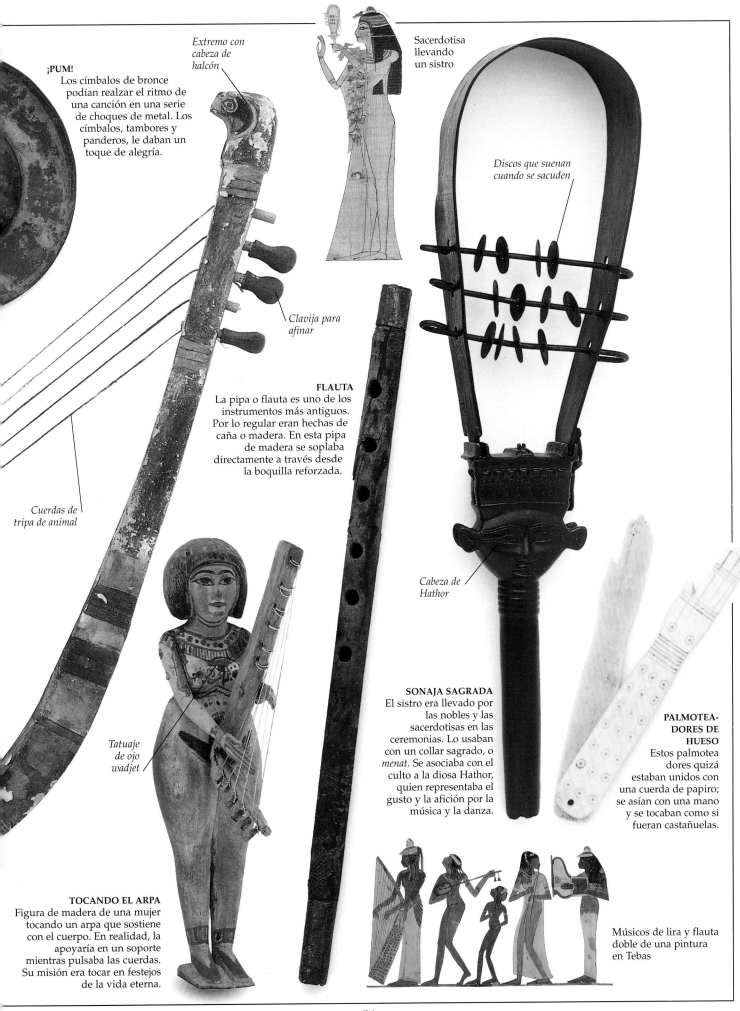

¡PUM!
Los címbalos de bronce podían realzar el ritmo de una canción en una serie de choques de metal. Los címbalos, tambores y panderos, le daban un toque de alegría.

Extremo con cabeza de halcón

Sacerdotisa llevando un sistro

Discos que suenan cuando se sacuden

Clavija para afinar

Cuerdas de tripa de animal

FLAUTA
La pipa o flauta es uno de los instrumentos más antiguos. Por lo regular eran hechas de caña o madera. En esta pipa de madera se soplaba directamente a través desde la boquilla reforzada.

Cabeza de Hathor

Tatuaje de ojo wadjet

SONAJA SAGRADA
El sistro era llevado por las nobles y las sacerdotisas en las ceremonias. Lo usaban con un collar sagrado, o *menat*. Se asociaba con el culto a la diosa Hathor, quien representaba el gusto y la afición por la música y la danza.

PALMOTEA-DORES DE HUESO
Estos palmotea dores quizá estaban unidos con una cuerda de papiro; se asían con una mano y se tocaban como si fueran castañuelas.

TOCANDO EL ARPA
Figura de madera de una mujer tocando un arpa que sostiene con el cuerpo. En realidad, la apoyaría en un soporte mientras pulsaba las cuerdas. Su misión era tocar en festejos de la vida eterna.

Músicos de lira y flauta doble de una pintura en Tebas

Juguetes y juegos

FICHA DE JUEGO
Esta cabeza de león tallada pudo haber sido una ficha de juego.

Incluso de niños los antiguos egipcios disfrutaban la vida. Algunos de los juegos todavía son del gusto de los niños, como *"juzza lauizza"*, o "pídola" y tirar de la cuerda.

También hay pinturas egipcias que muestran a niños jugando a los soldados y a las niñas agarradas de la mano en un tipo de corro. Había juegos de mesa, como el de la víbora y el más complicado, el senet, y una serie de juguetes, desde animales y muñecas hasta pelotas. Los egipcios también eran grandes cuentistas que entretenían a los niños con cuentos populares de imaginación y hechizos. Por ejemplo, un cocodrilo de cera se convertía en uno real al lanzarse al agua, una historia relevante para la gente que vivía con el miedo de ser comida por los cocodrilos.

¿PELOTA O SONAJA?
Estas pelotas de arcilla de colores originalmente contenían semillas o cuentitas de arcilla, para que sonaran al rodar.

¿MUÑECA O AMIGA?
Los egipcios hacían muñecas de madera, con cabello de cuentas de arcilla unidas con cuerdas. Las muñecas, como ésta, pudieron ser para las niñas o para ponerlas en las tumbas, como acompañantes en la otra vida.

JUEGO DE PELOTA
Un pasatiempo popular, especialmente para las niñas, era lanzar y atrapar pelotas, no sólo de pie, sino montadas en la espalda de alguien o saltando.

CABALLO SOBRE RUEDAS
Los egipcios usaban caballos para tirar carruajes y cazar. Montar a caballo se convirtió en el pasatiempo favorito de los faraones. Este caballo de juguete del Egipto romano tiene por silla de montar un tapete. Se tiraba de una cuerda en la boca.

Cuerda para mover la mandíbula inferior

RATÓN DE JUGUETE
Este ratón de madera tenía una cuerda para mover la cola de arriba abajo.

¿RUGIDO O MIAU?
Este juguete parece no saber si es gato o león. Tallado toscamente en madera, su principal atractivo es que mueve la mandíbula inferior, unida con una cuerda.

El juego de senet

Este tablero simbolizaba la lucha contra las fuerzas del mal que intentaban impedir que llegaras al reino del dios Osiris. Los 30 cuadros del tablero tenían imágenes que representaban ventajas, como "la belleza" o "el poder", o peligros como la mordedura de un hipopótamo. Había dos grupos de fichas, y las jugadas se hacían según la caída de una vara que lanzaban.

PUNTAS QUE GIRAN
Un giro vigoroso de los dedos o tirar de ellas con una cuerda de papiro pondría a girar estas peonzas hechas con polvo de cuarzo barnizado. Los juguetes de materiales baratos, como éste, significaban que hasta las familias más pobres podían dar a sus hijos unos cuantos juguetes divertidos.

LA JUGADA
En este papiro del Libro de los Muertos del escriba Ani, aparece él con su esposa Tutu jugando senet. Aunque el artista dibujó a Tutu detrás de su esposo en una pose más bien formal, ambos parecen estar disfrutando el juego.

DIGNO DE REY
Tutankamón fue enterrado con cuatro tableros de senet, de los cuales, éste, de marfil, es el más fino. Tiene un cajón para guardar las fichas y patas que fueron torneadas delicadamente imitando la forma de las patas de un animal.

Jeroglífico del nombre del faraón

Pelota de piedra para el juego de la víbora

EL JUEGO DE LA VÍBORA
Uno de los primeros juegos de mesa descubierto en Egipto fue "la víbora", llamado así porque el tablero de piedra representaba una serpiente enrollada con la cabeza en el centro. El ganador era el primero en mover su ficha por las casillas del cuerpo de la víbora hasta llegar al centro. En las pelotas de piedra a veces se esculpían los nombres de los primeros faraones.

Del tejido al adorno

DESDE LOS PRIMEROS TIEMPOS, el lino proporcionaba ropa para todos en el antiguo Egipto. La pintura más antigua de un telar está en un tazón de cerámica de alrededor de 3000 a. C., y el lino continuó siendo usado miles de años después. Un faraón tendría lino excepcionalmente fino; sus trabajadores usaban taparrabos de telas más burdas, los soldados cubrían la parte trasera de sus faldas con piel; los sirvientes domésticos usaban telas con cuentas más baratas, pero de colores. El faldellín básico de un cortesano era un paño de lino que se enredaba alrededor de la cintura y se amarraba con un nudo, casi siempre bien elaborado. Con el tiempo se confeccionaron capas como prendas de vestir. Las mujeres llevaban vestidos largos como una vaina y a menudo capas hermosas con pliegues. Se tiene una vaga idea de cómo lograron plisar la ropa: tal vez usaban para tal fin un tablero con la superficie acanalada. Es probable que el número de pliegues sea exagerado en muchas estatuas. Los egipcios aprendieron del Cercano Oriente el arte de teñir la ropa, pero la técnica nunca fue diseminada.

MARIDO Y MUJER
Este obrero viste faldellín plegado a la pantorrilla; su esposa, una capa. Las pelucas, de finas trenzas, están perfumadas.

Orilla reforzada

SANDALIAS DE CUERO
Sandalias hechas de tiras de cuero de buey cosidas con cuerda de papiro. El cuero era un material poco común en los zapatos egipcios.

SANDALIAS DE CAÑA
El papiro y otras cañas eran los materiales más comunes para las sandalias. Estas materias abundaban, y las sandalias de caña eran usadas por todas las clases sociales, incluso los sacerdotes, que no podían usar otro material.

PELUCAS
Estos cortesanos en el relieve de una pared en Menfis llevan pelucas y trajes típicos con mangas onduladas. Las pelucas estaban hechas con cabello humano pegado con cera de abeja.

Correa de cuerda

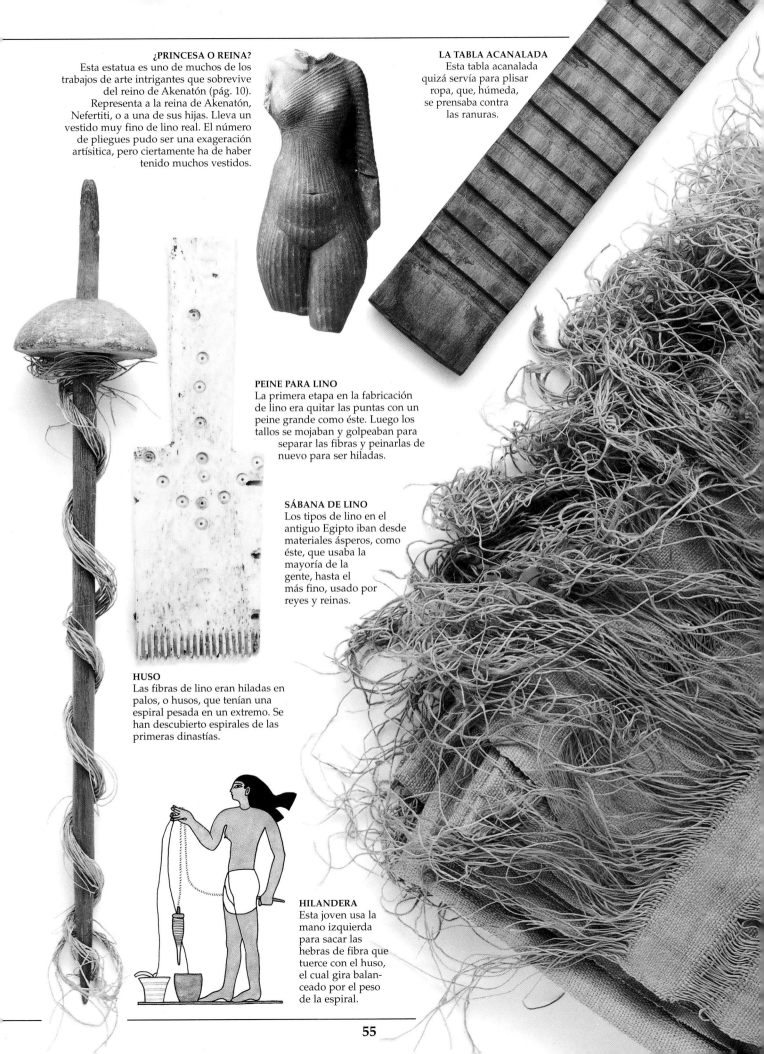

¿PRINCESA O REINA?
Esta estatua es uno de muchos de los trabajos de arte intrigantes que sobrevive del reino de Akenatón (pág. 10). Representa a la reina de Akenatón, Nefertiti, o a una de sus hijas. Lleva un vestido muy fino de lino real. El número de pliegues pudo ser una exageración artísitica, pero ciertamente ha de haber tenido muchos vestidos.

LA TABLA ACANALADA
Esta tabla acanalada quizá servía para plisar ropa, que, húmeda, se prensaba contra las ranuras.

PEINE PARA LINO
La primera etapa en la fabricación de lino era quitar las puntas con un peine grande como éste. Luego los tallos se mojaban y golpeaban para separar las fibras y peinarlas de nuevo para ser hiladas.

SÁBANA DE LINO
Los tipos de lino en el antiguo Egipto iban desde materiales ásperos, como éste, que usaba la mayoría de la gente, hasta el más fino, usado por reyes y reinas.

HUSO
Las fibras de lino eran hiladas en palos, o husos, que tenían una espiral pesada en un extremo. Se han descubierto espirales de las primeras dinastías.

HILANDERA
Esta joven usa la mano izquierda para sacar las hebras de fibra que tuerce con el huso, el cual gira balanceado por el peso de la espiral.

Todo lo que brilla

Puedes ver el destello del oro por doquier en la joyería egipcia. Las minas entre el Nilo y la costa del Mar Rojo producían cantidades grandes de este metal precioso. El oro puede ser moldeado. Los orfebres también hacían patrones con un método llamado granulación, por el que soldaban pequeños gránulos de oro a un objeto. Los joyeros egipcios tenían acceso a muchas piedras semipreciosas de los desiertos, como la cornalina roja y anaranjada, el feldespato verde y la amatista malva. También importaban piedras. De las minas de la península del Sinaí provenía la turquesa azul claro; de las rutas de comercio de Afganistán, el lapislázuli. Pero no conocían los diamantes, las esmeraldas ni los rubíes.

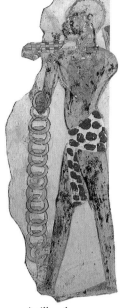

Anillos de oro traídos a Egito desde Nubia

BRAZALETE REAL
Hecho para el príncipe Nemareth, el diseño central del brazalete muestra al dios Horus niño (pág. 27) sentado en una flor de loto y protegido por cobras. Como muchos niños en el arte egipcio, aparece chu pándose el dedo.

El nombre del dueño en jeroglíficos

La concha de ciprea muestra el deseo de su dueño de tener hijos

FAJA DE LA SUERTE
Ésta es la parte que subsiste de una faja. Al igual que las conchas de ciprea de oro argentino, tipo de oro con un alto contenido de plata, tiene cuentas de cornalina, amatista, lapislázuli y turquesa.

NACE UNA ESTRELLA
Estrella de oro que se llevaba en la frente como diadema. Procede del periodo romano de Egipto. La máscara de la momia romana muestra a un sacerdote con la estrella.

Diadema de oro

ADORNOS PARA OREJAS
Por influencia del Cercano Oriente, se perforaban las orejas para usar aretes. Los de la imagen muestran de qué tamaño debían ser las perforaciones para estos botones del siglo XIV a. C.

Aretes de oro

Botón de loza fina

Botón de cristal

Botón de jaspe

PECTORAL DE HALCÓN
Este halcón se llevaba en el pecho. Representa al dios Harajti-Ra. Originalmente el metal formaba un marco de segmentos de loza fina, cristal o gemas, técnica llamada "unión de fragmentos". Ahora sólo quedan restos de la incrustación.

Franjas de metal doblado y soldado en la base

La garra sostiene el símbolo "shenu" que significa eternidad

Restos de la incrustación original

JOYEROS TRABAJANDO
Muchos objetos de metal eran hechos en moldes; se calentaba el metal hasta derretirlo (ar.) y se vertía en moldes (ar.) con la forma del objeto requerido.

REGALO DE UN REY
El servicio destacado al estado era premiado con un regalo de joyería del rey. Él se asomaba por la ventana y arrojaba pulseras o collares a los nobles que esperaban con respeto. Este collar de honor tiene tres líneas de anillos de oro unidos fuertemente en una cuerda. Se amarraba en la parte trasera del cuello. A veces los faraones llevaban collares como éste.

ANILLOS
Los anillos a menudo tenían una piedra giratoria en forma de escarabajo (pág. 20). La parte inferior estaba tallada con el nombre del dios de la suerte. Estos escarabajos fueron hechos con esteatita (saponita), material fácil de tallar.

Amuletos de pez para no ahogarse

Escarabajo

Anillo de esteatita y oro

Anillo de esteatita y oro

Anillo de plata

Esta figura lleva un bucle, símbolo de juventud.

Heh, dios "de millones de años", simboliza la longevidad

Barbas o bucles de juventud

57

Para adornar el cuerpo

Malaquita

A LOS EGIPCIOS les encantaban la belleza y la moda. Muchos de sus nombres se basaban en la palabra "nefer", que significa belleza, por ejemplo Nefret, Nefertiti y Nefertari. La diosa relacionada con los adornos era "Hathor, la dorada", el ideal de belleza según la poesía romántica de ese tiempo. Hombres y mujeres usaban pintura en los ojos hecha con minerales en finas paletas de cosméticos. Se esmeraban adornándose con cosméticos, pelucas, guirnaldas de flores y lino fino. Objetos como peinetas, espejos y recipientes de cosméticos son muestra de lo importante que era la apariencia. Una canción egipcia dice: "Ponte mirra en la cabeza y vístete con ropa hermosa."

Tubo con inscripción real

APLICADORES
Se usaban para reunir, mezclar y aplicar pigmento.

OBRA DE ARTE
Las alas traseras de la madre pato se deslizan para dar acceso a la crema facial del interior.

RECIPIENTES
Los minerales para la pintura de ojos se mezclaban y guardaban en tubos como éste. El de la inscripción real pudo haber sido un regalo a un cortesano.

UNGÜENTOS PERFUMADOS
Los cortesanos ataban en sus pelucas conos de grasa de animal con aroma, a veces con un botón de loto. La grasa se derretía y resbalaba en la peluca.

Vasija de la rara piedra anhidrita

ESPEJO
Los cortesanos usaban espejos de bronce o cobre pulido. La figura de la sirvienta desnuda con el ave del mango su-giere amor y belleza.

Galena

Superficie reflejante de metal pulido

Óxido de hierro

PIGMENTOS
De la malaquita, un mineral del cobre, los egipcios obtenían pintura para los ojos color verde, símbolo de fertilidad. El mineral conocido como galena daba una pintura gris, llamada hoy en día "kohl". Se podía pintar las mejillas y los labios con ocres de óxidos de hierro, que abunda en Egipto. Es posible que se agregara alguna grasa al maquillaje para aplicarlo en la cara.

CUCHARA FLORAL
El mango de este recipiente representa un ramo de flores atadas con capullos de marfil teñidos de rosa pálido. La cabeza gira para mostrar o cubrir los cosméticos.

BAÑO Y MASAJE
Esta noble se arrodilla en un tapete mientras una amiga sostiene una flor para que ella la huela. Su baño es simbolizado por el agua; también se le está dando un masaje.

Pinzas

DEPILADO Y RIZADO
Sacerdotes y mujeres se depilaban con pinzas. Ellas también rizaban su pelo con tenazas.

Tenazas

Extremos dobles para diferentes tamaños

RASURADA
Las navajas de afeitar de bronce o cobre tal vez eran tan incómodas como se ven, al menos en las manos de barberos profesionales ambulantes del antiguo Egipto.

PEINETA DE MADERA
La mayoría no tenía pelo largo, pero las pelucas podían ser muy largas y pesadas, a veces con tres capas de rizos y bordes, así que usaban peinetas de marfil o madera.

RETOQUE
En este relieve aparece una noble llamada Ipuet. Se polvea las mejillas mirándose en el espejo.

HORQUILLAS
Éstas quizás mantenían en su lugar los rizos elaborados y los perfumes en las pelucas.

Animales del valle

LEÓN
El león representaba fuerza y dominio, por lo que se volvió un emblema del dios rey. Rara vez el león se mostraba dominado por otra persona que no fuera el faraón. Este león de oro era parte de un collar.

LOS ANTIGUOS EGIPCIOS compartían el entorno con muchas bestias, aves, reptiles y peces. En el desierto al este y oeste del Nilo vivían leones feroces y toros salvajes, así como antílopes y tímidas gacelas. Estos animales cazaban a su presa o pastaban en las riberas de los terrenos planos que se inundan. La quietud de la noche podía ser interrumpida por espeluznantes aullidos de hienas y chacales que se disputaban los cadáveres. En los matorrales de papiro había nidos de aves, como patos de cola larga, cormoranes, pelícanos y abubillas. Ocultos en la orilla del río había cocodrilos y en el agua, hipopótamos, perca del Nilo y bagres. Los animales aparecen en muchos objetos. Se les consideraba parte del "sistema del mundo" hecho por el dios Sol y eran versiones terrenales de muchos dioses. Los jeroglíficos usaban símbolos de animales.

¿DÓNDE ESTÁS?
La diosa Hathor solía ser representada como una vaca en los pantanos de papiro.

TRAVESURAS ANIMALES
Los papiros satíricos muestran la ironía del sentido del humor egipcio. Dos enemigos, el antílope y el león, disfrutan amigablemente un juego de senet (pág. 53). Un chacal que toca la flauta escolta un rebaño de cabras mientras al frente un gato espera amorosamente a algunos gansos. El león al final parece divertirse con las travesuras del buey en el sofá.

OVEJA SALVAJE Y GATO INDIFERENTE
En este recipiente de cosméticos una oveja salvaje, o musmón, pisa con cuidado sobre un gato acurrucado que claramente no piensa moverse. Los carneros simbolizaban a algunos de los dioses más importantes del antiguo Egipto. Un carnero con cuernos torcidos podía representar a Amón-Ra, rey de los dioses.

Corona de Osiris: cuernos de carnero, caña, y plumas de avestruz

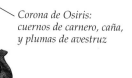

DIOS COCODRILO
El peligro de ser comido por un cocodrilo llevó a los egipcios a tener a estas criaturas peligrosas de su lado. Como resultado, el cocodrilo se convirtió en el símbolo del dios Sobek. Los sacerdotes adornaban cocodrilos sagrados con joyas y los momificaban cuando morían.

HIPOPÓTAMOS
Nada ilustra tanto la afición egipcia por el humor visual como los modelos de hipopótamos. El hipopótamo macho era una criatura de mal agüero por su relación con el dios Seth, archienemigo de Osiris, gobernante legítimo de Egipto. Un hipopótamo podía volcar fácilmente un bote de papiro y a menudo eran cazados por tal motivo.

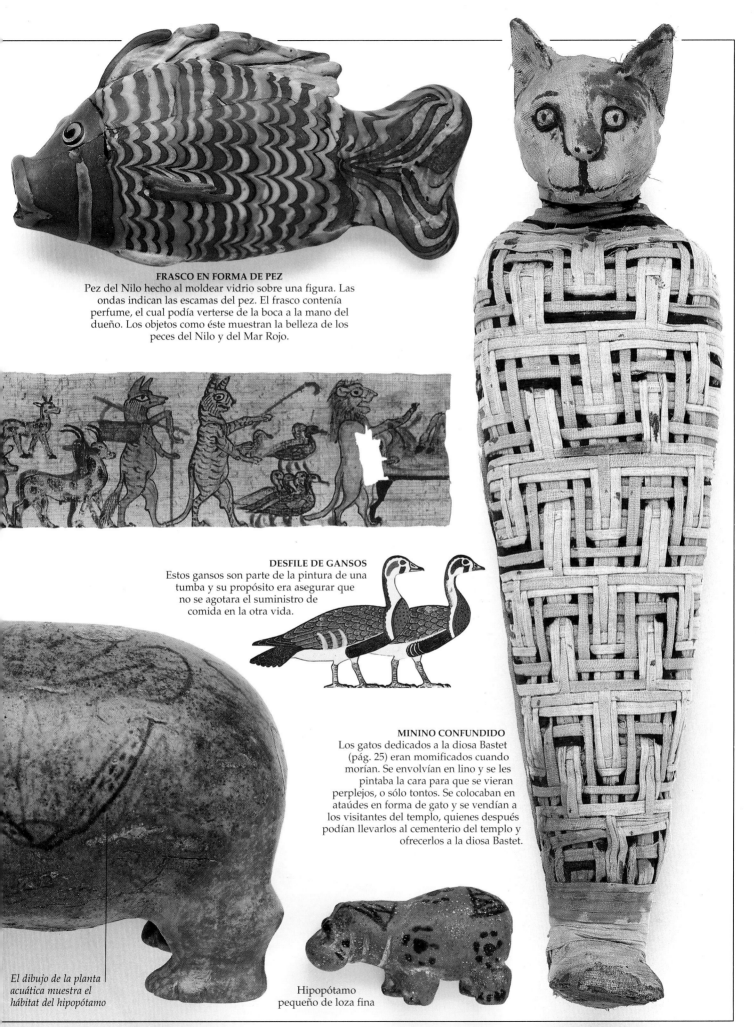

FRASCO EN FORMA DE PEZ
Pez del Nilo hecho al moldear vidrio sobre una figura. Las ondas indican las escamas del pez. El frasco contenía perfume, el cual podía verterse de la boca a la mano del dueño. Los objetos como éste muestran la belleza de los peces del Nilo y del Mar Rojo.

DESFILE DE GANSOS
Estos gansos son parte de la pintura de una tumba y su propósito era asegurar que no se agotara el suministro de comida en la otra vida.

MININO CONFUNDIDO
Los gatos dedicados a la diosa Bastet (pág. 25) eran momificados cuando morían. Se envolvían en lino y se les pintaba la cara para que se vieran perplejos, o sólo tontos. Se colocaban en ataúdes en forma de gato y se vendían a los visitantes del templo, quienes después podían llevarlos al cementerio del templo y ofrecerlos a la diosa Bastet.

El dibujo de la planta acuática muestra el hábitat del hipopótamo

Hipopótamo pequeño de loza fina

Después de los faraones

Egipto fue invadido por extranjeros varias veces en los últimos 1000 años a. C. Entre los invasores se hallaban los sudaneses, los persas y los macedonios bajo el mando de Alejandro Magno, seguido por su general Ptolomeo, fundador de una dinastía que gobernaba desde Alejandría. Estos gobernantes hablaban griego y adoraban dioses griegos, pero en las paredes de los templos aparecen como gobernantes egipcios tradicionales. En el año 30 a. C., Egipto pasó a manos romanas y gradualmente siguió la conversión al cristianismo de los emperadores romanos; las iglesias y monasterios remplazaron a los templos. La invasión árabe del siglo VII d. C. convirtió a Egipto en el país musulmán de hoy.

CLEOPATRA
La reina Cleopatra VII fue la última de los gobernantes griegos de Egipto. Su suicidio se hizo famoso, pero no hay pruebas que respalden la conocida versión de que murió por la mordedura de un áspid.

Los romanos

Tomaron grano de los campos y oro de las minas. A pesar de tal explotación, también construyeron templos. Nombres de emperadores como Augusto y Tiberio aparecen en jeroglíficos como los de los faraones, e incluso con coronas egipcias elaboradas.

EL EMPERADOR COMO HORUS
Al igual que al faraón se le indentificaba con el dios Horus (pág. 27), los emperadores romanos a veces eran retratados como este dios con cabeza de halcón. Las plumas sugieren una armadura de metal y la figura lleva sandalias y una toga.

Momia de Artemidoro

Momia de niño romano

MOMIAS ROMANAS
Las momias del periodo romano solían tener retratos del difunto en vida. El ataúd (ar.) muestra a su dueño, Artemidoro, representado en el estilo típico romano con ojos grandes. El pigmento se mezclaba con cera de abeja para lograr colores brillantes. El propósito de estos retratos era ayudar al espíritu a identificar su cuerpo. Te veían como si lo hubieras llamado por su nombre.

Los cristianos

Aunque en el pasado habían ermitaños cristianos que vivían en las cuevas de Egipto, éste se volvió cristiano con la conversión del Imperio Romano en 324 d. C. En Egipto, el cristianismo que triunfó gradualmente fue llamado copto, el cual subsiste hoy en día. Los monjes coptos aún viven en prósperos monasterios. Recientemente los restos de San Marcos, de quien se dice introdujo el cristianismo en Egipto, fueron enviados de Venecia a El Cairo.

Tapiz redondo con el victorioso San Jorge

SOBREVIVIENTE
Qasr Ibrim, una montaña en Nubia, era el centro de la diócesis asediada por tropas musulmanas. Esta cruz de plata fue uno de los objetos que sobrevivieron el ataque.

SANTO GUERRERO
La imagen del dios Horus a caballo, que aniquila a su rival Seth, fue adoptada por los antiguos cristianos en Egipto como modelo de guerreros santos como San Jorge y San Menes.

ESCENA DE LA CALLE
En el siglo XIX, en las calles de El Cairo había puestos de artesanías, los cuales se colocaban a lo largo de las paredes, los alminares y los domos de las mezquitas.

Diseño de latón

Los musulmanes

Los árabes, hábiles en la guerra a caballo, conquistaron Egipto en el siglo VII a. C. Gobernaron a través de la burocracia, principalmente cristiana, pero el Islam se convirtió en la religión del Estado; el árabe fue la lengua oficial, y la ciudad nueva de Qahira se convirtió en El Cairo. Con el tiempo, los turcos conquistaron Egipto; el país no fue gobernado por un egipcio hasta la década de 1960.

INCENSARIO
Hecha hace unos 1,000 años, esta vasija fue usada en una mezquita. Quemar incienso es parte del ritual de pureza, que incluye lavarse y quitarse los zapatos al entrar a la mezquita, según las normas islámicas.

¿Sabías que ...?

DATOS SORPRENDENTES

Sacerdotes realizando ritos mortuorios

Debido a que los ritos de la muerte y la preparación para la vida eterna eran tan complicados, ahora sabemos más acerca de cómo murió la gente que de cómo vivió.

Durante el embalsamamiento se extraían estómago, intestinos, pulmones e hígado; pero el corazón se dejaba en su lugar porque se creía que tenía el registro de los pecados y de-terminaría quién ganaría la vida eterna.

Los egipcios creían que corazón y alma de quienes no pasaban a la vida eterna eran consumidos por Ammut, la devoradora de los muertos.

Uno de los tres ataúdes en forma de momia de Tutankamón

Los faraones podían tener varias esposas, pero sólo una podía ser reina. Muchos faraones desposaban a sus hermanas para asegurar su derecho dinástico al trono e imitar a los dioses quienes, se creía, estaban a favor de esta práctica.

Se creía que los dioses egipcios tenían barba, así que los faraones usaban barbas falsas, incluso las mujeres faraones, como símbolo de realeza.

La Gran Esfinge estuvo enterrada en arena hasta el cuello la mayor parte de su historia. En 1925 fue limpiada por completo. La contaminación del aire está erosionando gravemente su cuerpo de piedra. Muchos conservacionistas creen que estaba mejor cubierta.

El interior de las sandalias de los faraones en ocasiones era decorado con dibujos de sus enemigos, a quienes aplastaban simbólicamente a cada paso que daban.

En 1922, cuando fue descubierta la tumba del rey Tutankamón, se puso de moda la ropa, el maquillaje y la joyería egipcios, incluso el arreglo de interiores y diseño gráfico reflejó la fascinación de la época por el antiguo Egipto.

Los ladrones a veces eran los mismos hombres que habían construido las tumbas. Podían ganar una fortuna vendiendo lo que robaban, pero si los atrapaban sufrían una muerte atroz por empalamiento.

La necesidad de organizar a los primeros pueblos del Nilo llevó a la invención de los jeroglíficos o escritura de imágenes. Excavaciones recientes muestran que ya se usaban varios siglos antes de la primera escritura en Mesopotamia, la cual se considera la "cuna de la civilización".

El maquillaje extravagante y colorido del antiguo Egipto fue adoptado por hombres y mujeres. Estaba hecho de minerales mezclados con agua y se almacenaba en tubos.

Cleopatra era macedonia y griega de nacimiento. Recibió una educación esmerada: hablaba siete idiomas con fluidez, entre ellos el egipcio, pero por lo regular usaba el griego para los documentos oficiales.

La barba falsa, símbolo de realeza

PREGUNTAS Y RESPUESTAS

P ¿Cómo se obtuvo la información sobre Egipto?

R Mucho de nuestro conocimiento proviene de las pinturas en las paredes que nos muestran cómo se veía la gente, qué tipo de trabajo hacía, las herramientas que usaba y cómo amueblaba su casa. Los registros escritos se refieren a la vida diaria, la religión y el gobierno, y relatan hechos sobre los faraones y otras personas importantes. Los objetos cotidianos y los tesoros fabulosos de sitios arqueológicos específicos, en particular de la tumba de Tutankamón, también revelan detalles de la vida en la tierra del Nilo hace miles de años.

P ¿Por qué los egipcios se esmeraban en preservar como momias el cuerpo de los muertos?

R Creían que si el espíritu del muerto reconocía su cuerpo conservado podría volver a habitarlo y vivir en la otra vida. Por ello, la mayoría de los órganos internos se extraían y conservaban con cuidado. Sin embargo, el cerebro era sacado a pedazos con un gancho largo por la nariz, ya que nadie conocía su importancia, y se tiraba.

Gancho para sacar el cerebro

Cuchillo para el embalsamado

P ¿Cómo guardaron la momia del rey Tutankamón en su tumba?

R La momia estaba en el interior de un sarcófago de muchas capas cuando fue descubierta. Había tres ataúdes, cada uno dentro de otro, y todos ellos estaban dentro del sarcófago de piedra. A su vez, éste estaba en cuatro santuarios en forma de caja, todos con inscripciones y decoración complejas.

P ¿Cuál es la maldición del rey Tutankamón?

R Se decía que había una antigua maldición egipcia: "La muerte le llega en alas a aquel que entra en la tumba del faraón." Pero, Howard Carter y Lord Carnarvon, descubridores de la tumba, no creyeron en esa maldición (que finalmente resultó ser un invento de la prensa); sin embargo, mucha gente que había estado relacionada con la excavación murió en poco tiempo. Entre ellos, Lord Carnarvon, que al rasurarse se cortó una picadura de mosco, que se le infectó.

Pintura de una tumba en Tebas, c. 1450 a. C.

P ¿Por qué los antiguos egipcios relacionaban el color negro con la vida y no con la muerte?

R Porque la tierra del Nilo en la que vivían y los alimentaba era tan rica que su color era casi negro, y por eso lo consideraron el símbolo de la vida; mientras que el rojo, que lo asociaban con el desierto, era de mala suerte. El verde, color de las cosechas antes de madurar, simbolizaba la resurrección en la otra vida.

P ¿Cómo pagaban los gobernantes sus extravagantes pirámides, templos y palacios?

R El antiguo Egipto era muy rico. Aunque sólo el 10% de la tierra servía para sembrar, producía mucho más de lo necesario, que vendían al extranjero. La principal riqueza de la tierra eran las piedras semipreciosas y los minerales, el oro, sobre todo.

Estuche de amuleto de oro

Récords

REINADO RÉCORD
El reinado más largo de cualquier gobernante en la historia corresponde a Pepi II. Coronado a los 6 años de edad, en 2278 a. C., reinó hasta su muerte, en 2184 a. C. (tenía 100 años), 94 años más tarde.

SOCIEDAD SIN CAMBIOS
La civilización del antiguo Egipto duró más de 3,000 años, durante los cuales perduraron su cultura y estilo de vida.

LA PRIMERA DE LAS NACIONES
Fundado en 3100 a. C. por el rey Narmer, a veces llamado Menes, Egipto fue la primera nación Estado del mundo.

IMAGEN ANTIGUA
El primer retrato de tamaño natural de la historia es la estatua del rey Dyeser (2667-2648 a. C.), colocada en una cámara cerrada en un costado de su pirámide.

P ¿Cuál era el papel de la mujer en el antiguo Egipto?

R Aunque existía la tendencia de que las mujeres tomaran la posición social del esposo, gozaban de igualdad ante la ley; se les permitía tener propiedades o rentarlas, hacer negocios, heredar dinero, divorciarse y volver a casarse, e incluso reinar como faraonas. El último faraón en gobernar Egipto antes de que el país estuviera bajo el control del Imperio Romano fue una mujer, la legendaria Cleopatra.

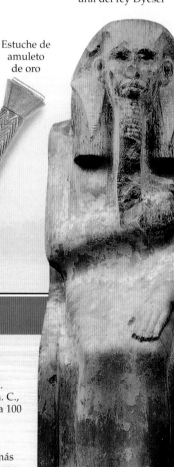

Estatua de tamaño natural del rey Dyeser

Los faraones

Los ANTIGUOS EGIPCIOS ponían fecha a los sucesos según un año en particular en el reinado de un rey o faraón, la llamada fecha reinal. Un erudito llamado Manetón, que vivió en la era de Ptolomeo, clasificó a los reyes en dinastías, sistema aún en uso. El resultado no es exacto o completo cronológicamente, pero puede cambiar si surge algo nuevo.

Reina
Nefertiti

PRIMER PERIODO DINÁSTICO

c. 3100–2890 a. C.		c. 2890–2686 a. C.	
I DINASTÍA		**II DINASTÍA**	
Narmer	3100	Hetepsejemuy	2890
Aha	3100	Nebra	2865
Dyer	3000	Nynecher	
Dyet	2980	Uneg	
Den	2950	Sened	
Adyib	2925	Perisén	2700
Semerjet	2900	Jasejemuy	2686
Qaa	2890		

también llamado Amenhotep IV † también llamado Amenofis
* indica mujer faraón ‡ también llamado Sesostris

PRIMER PERIODO INTERMEDIO

c. 2181–2125 a. C.	c. 2160–2055 a. C.
VII Y VIII DINASTÍAS	**IX Y X DINASTÍAS**
Durante este periodo inestable de la historia egipcia hay muchos reyes temporales. También el debilitamiento del poder central implicó el establecimiento de dinastías locales.	**Herakleopolitan**
	Jety
	Merykara
	Ity
	XI DINASTÍA
	(sólo Tebas)
	Intef I 2125–2112
	Intef II 2112–2063
	Intef III 2063–2055

PERIODO MEDIO

c. 2055–1985 a. C.	
XI DINASTÍA	
Todo Egipto	
Mentuhotep II	2055–2004
Mentuhotep III	2004–1992
Mentuhotep IV	1992–1985

Mentuhotep II

PERIODO NUEVO

c. 1550–1295 a. C.		c. 1295–1186 a. C.		c. 1186–1069 a. C.	
XVIII DINASTÍA		**XIX DINASTÍA**		**XX DINASTÍA**	
Ahmose	1550–1525	Ramsés I	1295–1294	Sethnajt	1186–1184
Amenhotep I †	1525–1504	Sethy I	1294–1279	Ramsés III	1184–1153
Tutmosis I	1504–1492	Ramsés II	1279–1213	Ramsés IV	1153–1147
Tutmosis II	1492–1479	Meremptah	1213–1203	Ramsés V	1147–1143
Tutmosis III	1479–1425	Amenmeses1	203–1200	Ramsés VI	1143–1136
Hatshepsut*	1473–1458	Sethy II	1200–1194	Ramsés VII	1136–1129
Amenhotep II †	1427–1400	Siptah	1194–1188	Ramsés VIII	1129–1126
Tutmosis IV	1400–1390	Tausert*	1188–1186	Ramsés IX	1126–1108
Amenhotep III †	1390–1352			Ramsés X	1108–1099
Akenatón #	1352–1336			Ramsés XI	1099–1069
Nefertiti					
Semenjkara*	1338–1336				
Tutankamón	1336–1327				
Ay	1327–1323			Ramsés	
Horemheb	1323–1295			el	
				Grande	

PERIODO TARDÍO

c. 672–525 a. C.		c. 525–359 a. C.		c. 404–380 a. C.		c. 380–343 a. C.	
XXVI DINASTÍA		**XXVII DINASTÍA**		**XXVIII DINASTÍA**		**XXX DINASTÍA**	
Nekau I	672–664	**(Periodo persa 1)**		**Amyrtes**	404–399	Najtnebef I	380–362
Psametiko I	664–610	Cambises	525–522			Teos	362–360
Nekau II	610–595	Darío I	522–486	**XXIX DINASTÍA**		Najtnebef II	360–343
Psametiko II	595–589	Jerjes I	486–465	Nayfaarudye I	399–393		
Uahibra	589–570	Artajerjes I	465–424	Hakor	393–380		
Ahmose II	570–526	Darío II	424–405	Nayfaarudye II	c.380		
Psametiko III	526–525	Artajerjes II	405–359				

PERIODO ANTIGUO

c. 2686–2613 a. C.	c. 2613–2498 a. C.	c. 2494–2345 a. C.	c. 2345–2181 a. C.
III Dinastía	**IV Dinastía**	**V Dinastía**	**VI Dinastía**
Sanajt 2686–2667	Seneferu 2613–2589	Userkaf 2494–2487	Teti 2345–2323
Dyeser 2667–2648	Jufu 2589–2566	Sahura 2487–2475	Userkara 2323–2321
Sejemjet 2648–2640	Dyedefra 2566–2558	Neferirkara 2475–2455	Pepi I 2321–2287
Jaba 2640–2637	Jafra 2558–2532	Shepseskara 2455–2448	Merenra 2287–2278
Huny 2637–2613	Menkaura 2532–2503	Neferefra 2448–2445	Pepi II. 2278–2184
	Shepseskaf 2503–2498	Nyuserra 2445–2421	Neitikerty* 2184–2181
		Menkauhor 2421–2414	
		Dyedkara 2414–2375	
		Unis 2375–2345	

Pirámides de Guiza

SEGUNDO PERIODO INTERMEDIO

c. 1985–1795 a. C.	c. 1795–1650 a. C.	c. 1650–1550 a. C.	c. 1650–1550 a. C.
XII Dinastía	**XIII Dinastía**	**XV Dinastía**	**XVII Dinastía**
Amenemhat I 1985–1955	1795–c.1725	Salitis	Además de los faraones de las XV y XVII dinastías, varios reyes gobernaron desde Tebas, entre ellos los siguientes:
Senusert I ‡ 1965–1920		Jyan 1600	
Amenemhat II 1922–1878	**XIV Dinastía**	ipepi 1555	
Senusert II ‡ 1880–1874	1750–1650	Jamudi	
Senusert III ‡ 1874–1855			
Amenemhat III 1855–1808			Intef
Amenemhat IV 1808–1799	Personajes menores que gobernaron al mismo tiempo que la XIII dinastía.	**XVI Dinastía**	Taa I
Neferusobek* 1799–1795		1650–1550	Seqenenra-Taa II c. 1560
			Kamose 1555–1550
La superposición en las fechas indica los periodos de corregencia.		Personajes menores que gobernaron al mismo tiempo que la XV dinastía.	

TERCER PERIODO INTERMEDIO

PERIODO TARDÍO

c. 1069–945 a. C.	c. 945–715 a. C.	c. 818–715 a. C.	c. 747–656 a. C.
XXI Dinastía	**XXII Dinastía**	**XXIII Dinastía**	**XXV Dinastía**
Nesbanebdyedet 1069–1043	Sheshonq I 945–924	Varias líneas continuas de gobernantes con base en Herakleópolis Magna, Hermópolis Magna, Leontópolis y Tanis, incluyendo las siguientes:	Pianji 747–716
Amenemnisu 1043–1039	Osorkón I 924–889		Shabako 716–702
Pasebajaenniut I1039–991	Sheshonq II c890		Shabitko 702–690
Amenemopet 993–984	Takelot I 889–874		Taharqa 690–664
Osorkón el Mayor 984–978	Osorkón II 874–850		Tanutamani 664–656
Siamón 978–959	Takelot II 850–825	Padibastet I 818–793	
Pasebajaenniut II 959–945	Sheshonq III 825–773	Sheshonq IV c.780	
	Pamiy 773–767	Osorkón III 777–749	
	Sheshonq V 767–730		
	Osorkón IV 730–715	**XXIV Dinastía**	
		Bakenrenef 727–715	

Esfinge
de marfil

PERIODO PTOLOMEICO

c. 343–332 a. C.	c. 332–305 a. C.	c. 305–80 a. C.	c. 80–30 a. C.
PERIODO PERSA 2	**DINASTÍA MACEDONIA**	**DINASTÍA PTOLOMEICA**	**DINASTÍA PTOLOMEICA (CONT.)**
Artajerjes III	Alejandro Magno 332–323	Ptolomeo I 305–285	
Ochus 343–333	Felipe Arrhideo 323–317	Ptolomeo II 285–246	Ptolomeo XI 80
Arses 338–336	Alejandro IV 317–305	Ptolomeo III 246–221	Ptolomeo XII 80–51
Darío III Codomano 336–332		Ptolomeo IV 221–205	Cleopatra VII* 51–30
		Ptolomeo V 205–180	Ptolomeo XIII 51–47
		Ptolomeo VI 180–145	Ptolomeo XIV 47–44
		Ptolomeo VII 145	Ptolomeo XV 44–30
		Ptolomeo VIII 170–116	
		Ptolomeo IX 116–107	
		Ptolomeo X 107–88	
		Ptolomeo IX 88–80	

Adorno de
flor de loto

Egipto se incorporó al
Imperio Romano en 30 a. C.

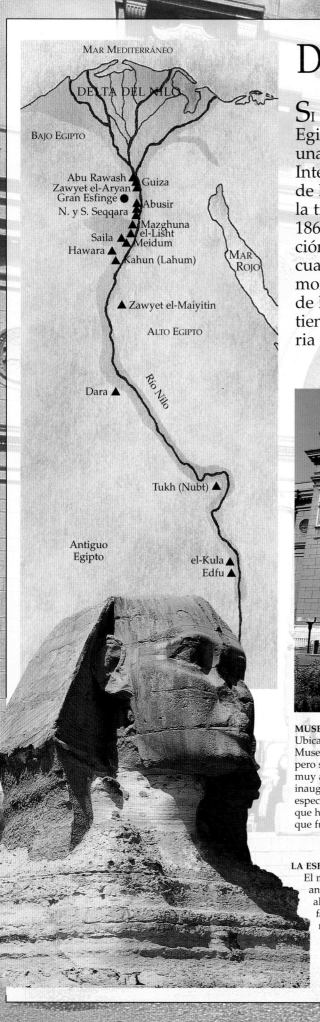

MAR MEDITERRÁNEO

DELTA DEL NILO

BAJO EGIPTO

Abu Rawash ▲ Guiza
Zawyet el-Aryan ▲
Gran Esfinge ●
N. y S. Seqqara ▲▲ Abusir
Mazghuna
el-Lisht
Saila ▲ Meidum
Hawara ▲
▲ Kahun (Lahum)

MAR ROJO

▲ Zawyet el-Maiyitin

ALTO EGIPTO

Río Nilo

Dara ▲

Antiguo Egipto

Tukh (Nubt) ▲

el-Kula ▲
Edfu ▲

Descubre más

Sɪ ᴅᴇsᴇᴀs explorar los misterios del antiguo Egipto, acude al museo de tu ciudad para ver si tiene una colección que valga la pena visitar. Utiliza la Internet para visitar muchos sitios dedicados a la tierra de los faraones. Una de las mejores colecciones egipcias la tiene el Museo Egipcio de El Cairo. Fundado en 1863 por un francés, Auguste Mariette, esta institución tiene más de 250,000 objetos, de los cuales menos de la mitad se exhibe en un determinado momento. Los artículos más famosos, sin duda, son los de la tumba del Rey Tutankamón, pero el museo también tiene exhibiciones que iluminan cada periodo de la historia del país desde 3100 a. C. al siglo II d. C.

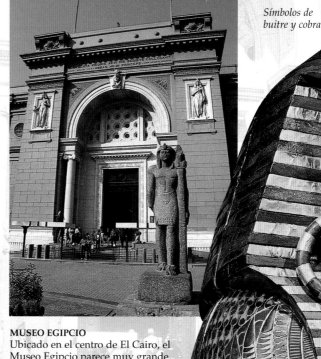

Símbolos de buitre y cobra

MUSEO EGIPCIO
Ubicado en el centro de El Cairo, el Museo Egipcio parece muy grande, pero sus miles de objetos están muy apretados. El edificio actual, inaugurado en 1902, se diseñó especialmente para esta colección, que ha aumentado dos salas desde que fue establecida en 1863.

LA ESFINGE
El monumento famoso más antiguo de Egipto, la Esfinge, alguna vez tuvo una barba falsa. Pero, al igual que la nariz, se perdió hace siglos. Algunos expertos creen que la barba se le agregó cientos de años después de que fue construida la estatua, alrededor de 2500 a. C.

JOYERÍA FINA

La joyería del antiguo Egipto –de oro y piedras semi-preciosas de la rica tierra del Nilo– denota un sentido sofisticado del diseño y un nivel avanzado de arte-sanía. El Museo Egipcio de El Cairo, el Museo Metropolitano de Nueva York y el Museo Británico de Londres, exhiben piezas como éstas.

Anillo de oro

Anubis, dios cha-cal del embal-samamiento

Sección de una fajilla

Amuleto con forma de pez

Estrella de oro de una diadema

EGIPTO AL ESTILO ESTADOUNIDENSE

El hotel Luxor de Las Vegas tiene un río Nilo artificial, escenarios virtuales y palmeras de plástico (ar.). Esta "pirámide" de 30 pisos, está resguardada por una réplica de la esfinge de Guiza, más grande que la real.

EL ATAÚD DEL REY

La momia de Tutankamón fue colocada en tres ataúdes, todos con oro. El ataúd medio o segundo, el cual está en exhibición en el Museo Egipcio, está hecho de madera dorada con incrustaciones de vidrio carmesí y turquesa, y cerámica azul.

Sitios para visitar

MUSEO EGIPCIO, EL CAIRO, EGIPTO

Aunque no es un museo enorme, exhibe antigüedades espectaculares, entre ellas:
• la colección de Tutankamón, colocada en su propia galería que contiene alrededor de 1,700 artículos relacionados con el rey niño, como su fabulosa máscara funeraria
• la cámara real de la momia, que alberga los restos de grandes gobernantes como Ramsés II, Sethy y Tutmosis II.
(Vale la pena visitar el Museo Luxor y el Museo de la Momificación, ambos ubicados en Luxor.)

MUSEO BRITÁNICO, LONDRES, RU

Este museo tiene la colección más grande del antiguo Egipto:
• la piedra Rosetta, clave para descifrar los jeroglíficos del antiguo Egipto
• una galería de escultura monumental con la estatua de Ramsés II
• una exhibición estupenda de momias y sar-cófagos.

MUSEO METROPOLITANO DE ARTE, NUEVA YORK

La impresionante colección del "Metro" ocupa un área considerable del vasto piso del museo e incluye:
• esculturas de la infame reina Hatshepsut, quien gobernó en el siglo XVI a. C.
• más de 20 modelos diminutos y perfectos de la tumba de un noble llamado Mekutra
• una amplia colección de joyería.

MUSEO DE ARTE, BOSTON, EE. UU.

Con más de 40,000 artículos, la colección de este museo atrae visitantes y estudiantes de todo el mundo. Entre sus atracciones se encuentran:
• una espléndida colección de artefactos antiguos que los arqueólogos han reunido de los lugares originales
• una encantadora estatua de aspecto real del rey Menkaura y su esposa favorita, Khamerernebty.

MUSEO REAL DE ONTARIO, TORONTO, CANADÁ

La galería egipcia de este museo ofrece un recorrido por la historia desde 4000 a. C. hasta 324 d. C. y cuenta con:
• animación por computadora que guía a los visitantes dentro de la Gran Pirámide
• la momia de un músico del templo que murió alrededor de 850 a. C. por un absce-so en una muela.

SITIOS ÚTILES EN LA WEB

- Sitio de información general
  www.egipto.com
- Sitio de información general que incluye una página para niños, con juegos e imágenes para colorear
  www.egiptologia.com
- Sitio especializado del Museo Británico
  www.ancientegypt.co.uk
- Sitio galardonado del Museo de Arte de Boston
  www.mfa.org/egypt
- Sitio de Discovery Channel con juegos y visitas virtuales
  www.discovery.com/guides/ancientworlds/egypt/egypt.html
- Sitio especializado dirigido por el Museo Real de Ontario
  www.rom.on.ca/egypt

Báculo y flagelo

OBJETO DOMÉSTICO

Hecha de barro de colores y barnizada alrededor de 1450 a. C., esta vasija adornada con patos es un objeto típico del antiguo Egipto que exhiben muchos museos.

Glosario

ALHEÑA Polvo de hojas secas de un arbusto tropical usado para pintar cabello y piel; en la antigüedad se creía que tenía el poder de proteger del peligro.

AMULETO Objeto mágico usado para protegerse de mal y atraer la buena suerte.

ANKH Antiguo símbolo egipcio de la vida que tradicionalmente sólo llevaban dioses y reyes.

ANTECÁMARA Sala pequeña que conduce a otra más grande o importante.

ANTIGUO EGIPTO Periodo durante el cual los faraones gobernaron Egipto, entre los años de 3100 a.C. y 30 d.C.

ARQUEOLOGÍA Estudio de la historia humana por la excavación y análisis de objetos y artefactos.

AVENTAR EL GRANO Separar barcia de grano al aventarlo al aire.

AZUELA Antigua herramienta egipcia para desbastar y lijar madera.

BA Esencia de la personalidad del muerto, a menudo representada por su cabeza en el cuerpo de un halcón. (ver también KA)

Ankh

CANOPE Recipiente especial para guardar los órganos internos de un muerto. La tapa tenía la cabeza de los hijos de Horus, dios halcón.

CARTUCHO En egiptología, el óvalo que encierra el nombre de los faraones.

CASA DEL ALMA Modelo en miniatura de una casa colocada en la tumba de su dueño para su vida eterna.

CASIA Corteza seca de un tipo de laurel, usada en perfume e incienso.

CATARATA Caída caudalosa de agua alrededor de una piedra grande que bloquea la corriente de un río. Hay varias cataratas a lo largo del río Nilo; con frecuencia los monumentos importantes eran colocados cerca de dichas caídas.

DELTA Área triangular de tierra depositada en la desembocadura de un río. Como el Nilo corre a través del desierto, la agricultura de los egipcios siempre ha dependido de la tierra de este delta y del valle del Nilo.

Canopes

BÁCULO Símbolo real en forma de cayado de pastor. (ver FLAGELO)

BASTÓN ARROJADIZO Instrumento de madera para cazar, similar a un bumerán, se usaba para dejar sin sentido, lastimar o matar una presa.

BRECHA Piedra de colores formada por piedras separadas pegadas con cal, y usada para hacer ollas y vasijas.

BUCLE Mechón de cabello recogido a un lado de la cabeza para indicar la juventud de quien lo porta.

Báculo

Flagelo

Estatua de Karnak con cayado y flagelo

EMBALSAMAMIENTO Conservación de un cadáver mediante operaciones o con el uso de sustancias químicas, sales, perfumes y ungüentos.

Alheña

ESCARABAJO Escarabajo sagrado del estiércol que simbolizaba al dios del sol Jepri.

ESCRIBA Funcionario del gobierno que, a diferencia de la mayoría de la gente ordinaria, sabía leer y escribir.

ESCRITURA DEMÓTICA Forma rápida y popular para escribir basada en la escritura hierática. (ver también ESCRITURA HIERÁTICA y JEROGLÍFICOS)

ESCRITURA HIERÁTICA Versión simplificada de los jeroglíficos. (ver JEROGLÍFICOS y ESCRITURA DEMÓTICA)

ESFINGE En el antiguo Egipto, era una criatura monumental con cuerpo de león y la cabeza del gobernante. Se creía que las esfinges cuidaban la entrada al inframundo en el este y oeste.

ESTELA Bloque de piedra o pilar cubierto con inscripciones talladas.

FLAGELO Símbolo real en forma de instrumento para trillar trigo; representa la fertilidad de la tierra. (ver BÁCULO)

Flor de loto

FAJA Cinturón o cordón usado en la cintura, a menudo adornado con piedras preciosas, conchas, plata y oro.

FARAÓN Título de los gobernantes del antiguo Egipto. La palabra significa "gran casa" y se refería al palacio, no al rey.

HOZ Herramienta en forma de luna creciente con una orilla filosa en el interior que sirve para cortar; la mayoría de las veces está hecha de piedra y se usa para cosechar trigo.

INCIENSO Goma o especia extraída de áboles asiáticos o africanos, que al quermarse origina un humo dulce. Los egipcios lo usaban en sus ritos religiosos y para purificar el aire en el templo.

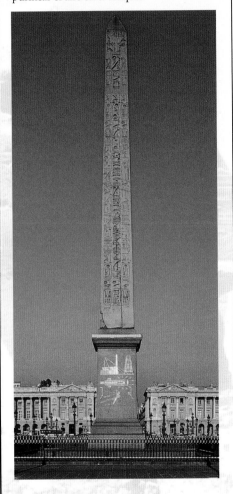

Obelisco egipcio en París

INFRAMUNDO Morada de los muertos, localizada muy por debajo de la tierra.

JEROGLÍFICOS Escritura pictográfica usada para formar palabras en documentos del antiguo Egipto. (ver ESCRITURA HIERÁTICA y ESCRITURA DEMÓTICA)

KHAT Gorro en forma de mitra que usaba el faraón.

KHOL Polvo negro usado en el antiguo Egipto para dar a los ojos de hombres, mujeres y niños un efecto dramático.

LAPISLÁZULI Piedra semipreciosa de color azul intenso muy usada en la joyería y diversos objetos egipcios.

LINO Planta fanerógama cultivada por sus fibras, que los egipcios tejían para la hechura de ropa.

LOTO Nenúfar cuya forma, a menudo muy estilizada, era usada como decoración en el antiguo Egipto.

MOMIA Cadáver que ha sido preservado de la descomposición, ya sea por medios naturales o artificiales.

NATRÓN Una forma natural de sal que se encuentra en los lechos secos de los lagos; absorbe la humedad y se usa para secar un cuerpo antes de envolverlo en tiras de tela.

NEMES Tocado especial a rayas de los reyes egipcios. La famosa máscara mortuoria de Tutankamón lleva un nemes dorado y azul.

NOMO Uno de los 42 distritos administrativos del antiguo Egipto, cada uno con su propio dios.

OBELISCO Columna de piedra con base rectangular o cuadrada y lados en declive hasta la punta.

OJO WADJET Símbolo protector que representa el ojo de Horus, el dios halcón.

OLÍBANO Resina fragante que se quemaba como incienso; proviene de los árboles del género *Boswellia*.

PALETA Superficie plana en la cual se mezclaban los colores ya sea para escribir o para maquillaje.

PAPIRO Caña alta que crecía a orillas del río, cuyo tallo se usaba para hacer canastas, sandalias, botes, cuerdas y hojas de papel o rollos. Era el material principal para escribir en el antiguo Egipto.

PECTORAL Colgante o joya parecida, a menudo decorada con un marco de metal intercalado con vidrio de colores o piedras semipreciosas.

PIRÁMIDE Estructura enorme de piedra con una base cuadrada y lados en declive. En Egipto, las pirámides por lo regular eran tumbas reales, pero es posible que algunas tuvieron otro propósito.

REGENTE Funcionario de la corte o noble menor, a menudo la madre del rey, nombrado para reinar en el nombre de un faraón muy joven o incapacitado.

SARCÓFAGO Ataúd o féretro de piedra, muy elaborado y grande, cuyo significado en griego es "comedor de carne".

SENET Juego de mesa egipcio basado en la lucha de las fuerzas del mal que impedían el bien.

SEPULCRO Lugar para colocar la estatua de un dios o los restos de un cuerpo; lugar dedicado a la memoria de un muerto.

SHABTI Figuras de sirvientes enterradas con la gente importante para que realizaran las tareas manuales requeridas en la vida posterior.

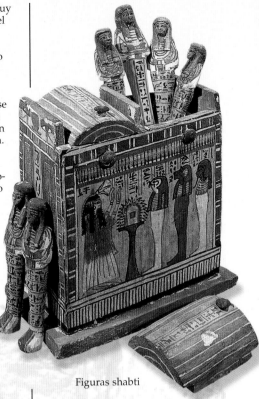

Figuras shabti

SHADUF Poste con cubo y contrapeso usado para sacar agua del Nilo y llenar los canales de irrigación.

SISTRO Sonaja ceremonial llevada por las mujeres de la nobleza o las sacerdotisas en las celebraciones.

SITULA Vasija ceremonial que contenía agua sagrada para el culto en los templos.

VÍBORA Juego egipcio con fichas y un tablero circular que representaba una víbora enrollada alrededor de su cabeza.

TUMBA Sepultura, monumento o construcción donde yace el cuerpo de una persona muerta.

UREUS Cobra real que llevaban los faraones en la frente. Se creía que escupía fuego a los enemigos del rey.

VISIR Oficial de alto rango nombrado por el faraón para gobernar el Alto y el Bajo Egipto.

Ojo wadjet

Índice

A

Abu Simbel 29
agricultura 65
agua sagrada 30
ajo 26
Akenatón 10
alfileres 59
alheña 26
alimentos 48–49, 65
almohadilla de dibujo 33
Amenhotep III 44
Ammut 64
Amón-Ra 24, 28
amuleto 12, 24, 26, 65, 69
anillo 57, 69
animales del Antiguo Egipto 60–61
ankh 13
antecámara de Anubis 14, 19, 69
apertura de la boca 14
aplicador, para cosméticos 58
arco 37
área de la creciente 8
arpa 50
arpón 45
Asuán, presa de 8
aventar al aire 9
azuela 42

B C

báculo y flagelo 13, 23, 69
bailarines 50
Bajo Egipto 68
balanza 40
balde sagrado 30
banquete 49
barba falsa 64, 68, 69
barcas funerarias 19
barnizado 69
Bes 27
bote 19, 38–39
brazalete 56
bucle 28, 57
búho 35
buitre, símbolo del 68
caballo sobre ruedas 52
caballos 46, 47
cabeceras 42
cabeza, momificada 17
Caernarvon, Lord 23, 65
Cairo, El 63
calendario 27
camino del dios Sol 22
canasta 47
canopes, vasijas 14, 15

carnicero 48
carpintero 42–43
carros 36
Carter, Howard 23, 65
"Casa Bella" 14
casa del alma 46
casia 41
caza 44, 45
cedro 39
cerámica 7, 69
cerveza 48
Champollion-Jean-François 35
címbalos 50
cincel 43
Cleopatra 62, 64, 65
cobra, símbolo de la 68
colador 48
comercio 40–41, 65
concha de ciprea 56–57
constructores 39
contadores 52, 53
copa 47
corte, miembros de la 12–13
cosechas 9
cosméticos 58–59, 64
cristianismo 63
cuchara para cosméticos 58, 59
cuchillo mágico 27
cuerpos 6, 16–17, 18–19, 62

D E F

daga 37
Deir el Medina 23
delta 68
demótica, escritura 34
Dendera 28
desierto 8
devoradora de los muertos 19, 64
dhow 38
diadema 56, 69
dientes 17
dinastías 66–67
Dinástico, periodo 66
dios con cabeza de carnero 18
dios sol 24
diosa del parto 26
dioses 24–25, 64; (ver también los nombres propios)
dioses del Nilo 24
Duat 18
ébano 41
edad de piedra 6
ejército 36–37
embalsamamiento 16–17, 64, 65, 69
emperador 62
enebro 26

escarabajo 14, 24, 35, 57
escribas 32–35
escritura 64
escudo 37
esfinge 46, 64, 67, 68
espadas 37
espejo 31, 59
estandarte 31
estanques 46
estatuas 65
etiqueta de libros 34
etiquetas de las momias 15
faja 56–57, 69
faraones 10–11, 64, 65, 66-7; (ver también los nombres propios)
fecha reinal 66
fechas 49
féretro 16–17, 29, 64, 69
Filos 29
flagelo 41
flauta 51
flecha 37, 44
fosa para botes 21
frasco en forma de pez 61
fruta de la región 47, 49
fuego 47

G H I

gacela 6
ganado
    cabezas de 60
    conteo de 8–9
    navíos especiales para el 39
ganso 32, 61
gatos 60, 61
"Ginger" (pelirrojo) 6
Gran Esfinge 64, 68
Gran Galería 20
Gran Pirámide 20–21, 38
granadas 49
griegos 64
Guiza 11, 20–21, 67, 68
hacha 36, 42
hambruna 8
Harajti-Ra 30, 57
Hathor 28, 31, 41, 51, 58, 60
Hatshepsut 10, 41
herramientas 42–43
Heteferes 12
Heyerdahl, Thor 38
hierática, escritura 34, 35
higos 49
hipopótamo 22, 44, 60, 61
Horemheb 32
Horus 19, 25, 27, 56, 62
hoz 9
huso 55
ibis 28

Imhotep 20, 34
impuestos 9, 32
incensario 31, 63
incienso
inframundo 18–19
Islam 63

J K L M

jardines 46
jeroglíficos 34, 35, 64
Jnum 25
Jonsu 31
Jufu 20, 38
juegos 52–53
juguetes 52–53
Karloff, Boris 16
ladrillo 46
ladrones 20, 21, 22, 64
láminas para incisiones 14
lapislázuli 41, 56
leones 44, 60
Libro de los Muertos 18, 19
liebre del desierto 45
lino 54, 55
lira 51
lotos 13, 26, 67
Macedonia 64, 67
madera 42–43
maestro de obras 23
magia 26–27
maldición de Tutankamón 65
Manetho 66
maquillaje 58–59, 64
Mar Rojo 68
marfil 6, 41, 67
masaje 59
maza 6
medallas 37
medicina 26–27
Mediterráneo, mar 68
Mentuhotep II 66
Mesopotamia 64
momia/ momificación 14–19, 64, 65, 69
moscas 37
muerte 64, 65
mujeres 64, 65
muñeca 52
museos 68–69
música 50–51

N O P

Narmer 65
natrón 15, 17
navaja de afeitar 59
Nefertiti 10, 55, 66
Nilo, río 6, 8, 68
niños 52–53

obelisco 29
ofrendas 30, 31
olíbano 41
oración 26
oro 56, 65, 69
Osiris 10, 19, 25, 60
oveja salvaje 60
palacios 65
paleta de cosméticos 7, 58–59
paleta de los escribas 33
palmoteadores 51
pan 48
pantorrilla 54
papiros 32, 38
pectoral 57
peine 55, 59
pelota 52
pelucas 54
pendiente 12, 56
Pepi II 10, 65
periodo
    predinástico 6–7
    ptolomeico 67
    último 66, 67
periodos
    intermedios 66-67
    persas 66, 67
pesca 38, 45
peso 40, 45
peso del corazón 18–19
"pídola" 52
piedra 7
piedra pulidora 43
piedras semi-preciosas 56, 65, 69
pigmentos 59
pinceles 33
pintura 65
pinzas 59
pirámide 20–21, 65, 67
placa de puerta 34
plantas 26
plañideras 18
plata 40
plisar 55
procesiones 31
protector de dedo 37
puerta falsa 28
Punt, tierra de 41
puntas 53
punzón 43

R S T

Ra, la expedición del 38
Ramsés II (el Grande) 11, 29, 66
Ramsés III 16
Ramsés IX 22
Ramsés VI 22
red, de pescar 45
reina 64
Reino
    Antiguo 67

    Medio 66–67
    Nuevo 66
ritos mortuorios 64
Roberts, David 22, 29
romanos 62, 67
ropa 54–55
Rosetta, piedra 35
sacerdote principal 30
sacerdotes 28–31, 64
sacerdotisas 19, 30, 51
sacrificio 27
salón de oro 22
sandalias 54, 64
Saqqara 34
sarcófago 65
sello 34, 35
Seneferu 12
senet (juego) 53
Senusert 12
Seth 45
shabtis 19
shaduf 9
sierra 42
silla 47
simbolismo del color 65
sistro 51
situla 30
sonaja 51, 52
taladro 43
Tebas 65
templo mortuorio 20
templos 20, 28–29, 65
tenazas, 59
tesoro 40
Thot 19, 24
tierra del Nilo 65, 69
Tiyi 23
trono 12
trueque 40
tumbas 64, 65
Tutankamón 10, 11, 23, 36, 42, 53, 64, 65, 68, 69
Tutmosis I 22
Tutmosis III 25
Tutmosis IV 11

U V W Z

ungüentos 58
uvas 48
Valle de los Reyes 18, 22–23
vara ceremonial 12, 44
vasija de vino 47
vasijas 7, 12, 47
víbora (juego) 53
vida, la otra 14–19, 64, 65
viñedos 48, 50
wadjet, ojo 24
Zoser 20, 65

Reconocimientos

Dorling Kindersley agradece a:
Departamento de Antigüedades Egipcias, del Museo Británico por proporcionar los artefactos fotografiados; James Puttnam por su valiosa ayuda en el acomodo de los artefactos al ser fotografiados y por su ayuda en la búsqueda de las fotografías; Celia Clear del Departamento de Publicaciones, del Museo Británico; los departamentos de Antigüedades Orientales y de Antigüedades Medievales y Posteriores, del Museo Británico por los objetos adicionales que fueron fotografiados; Morgan Reid por su consejo en la iluminación fotográfica; Meryl Silbert por la producción; Karl Shone por las fotografías especiales (págs. 20-21); Lester

Cheeseman por su experiencia en ediciones electrónicas.
Créditos fotográficos
ar. = arriba; ab. = abajo; c. = centro; i. = izquierda; d. = derecha
Agyptisches Museum/Photo: Staatliche Museen zu Berlin: 48ab.i. Ancient Art & Architecture Collection: 10ab.i., 10ab.c., 11ar.d., 11ab.i., 14ar.d., 28-9ar. Anglo Aquarium Plant Co./Barbara Thomas: 26.c.i. Bridgeman Art Library: 24ar.d., 28ar.i., 28ab.d. Museo Británico: 6ab., 9ar.d., 10c., 11c., 14ab.d., 15ar.i., 15ar.c., 15ab.d., 16ar.i., 18c., 19ar., 19ab.d., 22ar.i., 26c.d., 27ar.i., 27c.d., 28c., 29d., 30c.d., 32, 33, 34c., 35c.d., 40ar.i., 41ar., 41ab.c., 44c., 45ar.i., 46i., 46ab., 49ab.i., 50c., 51ar.c., 53ar.c., 56ar.i., 56ab.i., 57ab.d., 58ab.c.,

59ab.c., 60ar.d., 60-1c., 62ab.i., 62ab.c., 63ar.d. Museo Británico/Nina M. de Garis Davies: 39c., 48c.d., 51ab., 61c. Peter Clayton: 26ar.i., 38c. Bruce Coleman Ltd.: 41c.d. Michael Dixon, Photo Resources: 10ar.d., 25ar.i. Egypt Exploration Society, Londres: 54ab.d. Mary Evans Picture Library: 57ar.d., 62ar.d. Werner Forman Archive: 8ar.d. Editions Gallimard: 20ar.i. Griffith Institute, Ashmolean Museum, Oxford: 23ab. Robert Harding Picture Library: 12c.i., 13ab.i., 23c.d., 24ab.i., 36-7ab., 39ar.d., 42ar.i., 53c.i., 54ar.i. George Hart: 23c., 29c. Michael Holford: 41ab.d. Hutchison Library: 9c.d. Courtesy of the Oriental Institute of the University of Chicago: 44-5ab. Popperfoto: 38ar.i. James Puttnam: 31c.i. Louvre/© Réunion des Musées Nationaux: 55ar.c. Uni-Dia Verlag: 43 c.i. University College, Londres: 22ab.,

35c.i. Roger Wood: 32ar.i. Verlag Philipp von Zabern/Cairo Museum: 8-9ab.

Créditos de la portada
DK Picture Library: Museo Británico contraportada c.ar., ab.c., ab.i., ab.d., c., c.d., ar.d., c.ab.d.; Museo Británico contraportada c.i.
Stone/Getty Images: Stephen Studd portada, ilustración principal.

Otras ilustraciones © Dorling Kindersley. Más información en: www.dkimages.com

Ilustradores Thomas Keenes: 21ar.i., 32ab.d., 33ab.i., 43ar., 55ab.c.; Eugene Fleury: 8c.i.

Busqueda fotográfica Kathy Lockley